suhrkamp taschenbuch
wissenschaft 1341

Die Grundfrage, mit der sich dieses Buch im Hinblick auf die Soziologie beschäftigt, ist eine Frage, die sich bei jeder anderen Tätigkeit auch stellt: Wie kann ich diese Tätigkeit bei wachem Bewußtsein und guten Gewissens ausüben – angesichts der völlig neuen Situation, in der sich die Menschheit heute befindet? Denn erstmals in ihrer Geschichte verfügt die Menschheit über die Möglichkeit, sich selbst, alles Leben und den ganzen Planeten abzuschaffen. Wie wirkt sich diese völlig neue Möglichkeit auf das Bewußtsein und das Gewissen von Individuen aus beziehungsweise wie sollte es sich auswirken? Allein um diese Frage geht es in diesem Buch. Sie ist unabhängig von der empirischen, historischen und politischen Frage, wie wahrscheinlich es ist, daß wir von dieser Möglichkeit Gebrauch machen.

Kurt H. Wolff, geboren 1912 in Darmstadt. 1933 Emigration nach Italien, 1939 über England in die USA. Ab 1945 an der Ohio State University, ab 1959 Professor an der Brandeis University in Waltham, Mass. 1969 wurde Wolff in Brandeis »Manuel Yellen Professor of Social Relations«. Wolff emeritierte 1982, hielt aber bis 1993 noch alljährlich eine Lehrveranstaltung. Er ist Ehrenmitglied der Deutschen Gesellschaft für Soziologie. 1987 verlieh ihm seine Vaterstadt Darmstadt die Johann-Heinrich-Merck-Medaille. Kurt H. Wolff lebt in Newton, Mass.

Kurt H. Wolff

Soziologie in der gefährdeten Welt

Zur Rehabilitierung des Individuums

Mit einer biographischen Notiz und einem
Verzeichnis der Schriften Kurt H. Wolffs
von Wilfried Dreyer

Suhrkamp

Die Deutsche Bibliothek – CIP-Einheitsaufnahme
Wolff, Kurt Heinrich:
Soziologie in der gefährdeten Welt : Zur Rehabilitierung des Individuums / Kurt H. Wolff.
Mit einer biographischen Notiz und einem Verzeichnis der Schriften Kurt H. Wolffs von Wilfried Dreyer. –
1. Aufl. – Frankfurt am Main : Suhrkamp, 1998
(Suhrkamp-Taschenbuch Wissenschaft ; 1341)
ISBN 3-518-28941-1

suhrkamp taschenbuch wissenschaft 1341
Erste Auflage 1998

Druck: Wagner GmbH, Nördlingen
Printed in Germany
Umschlag nach Entwürfen von Willy Fleckhaus und Rolf Staudt

1 2 3 4 5 6 – 03 02 01 00 99 98

Inhalt

Einleitung

Die Grundfrage, die dieses Buch an die Soziologie richtet, ist dieselbe, die sich auch bei jeder anderen Tätigkeit stellt: Wie kann ich diese Tätigkeit bei wachem Bewußtsein und guten Gewissens ausüben angesichts der Tatsache, daß sich die Menschheit heute in einer Situation befindet, die ihresgleichen noch nicht hatte? Die Situation ist völlig neu, denn zum ersten Mal in der Geschichte steht der Menschheit das Wissen zur Verfügung, mit dem sie sich selbst, sämtliches Leben auf der Erde, ja den ganzen Planeten auszulöschen vermag. Muß nicht jedes einzelne Individuum sein Leben dem Versuch widmen, dieses Ende unmöglich zu machen und das Leben zu bewahren?

Wie und inwiefern trägt meine eigene Arbeit als Soziologe dazu bei, das Leben zu schützen und nicht etwa dessen Gefährdung hinzunehmen? In Anbetracht der verhältnismäßig bescheidenen Maßnahmen gegen die unzähligen Sinnlosigkeiten – gegen die Anhäufung von Waffen, die Verbreitung von Atombomben und atomarem Abfall, die Zunahme ökologischer Probleme sowie den stetig wachsenden Unterschied zwischen Arm und Reich innerhalb derselben Gesellschaft sowie zwischen verschiedenen Gesellschaften –, in Anbetracht all dessen mag es sogar so scheinen, als bestünde nicht nur die Möglichkeit zum kollektiven Selbstmord, sondern als gäbe es da auch die Versuchung, ihn tatsächlich zu begehen und so allem ein Ende zu machen.

Um ein Mißverständnis zu vermeiden, das die in diesem Buch aufgeworfene Frage völlig entstellen würde: Es geht hier ausschließlich um die *Möglichkeit,* die der Menschheit neuerdings zur Verfügung steht, und nicht um die Wahrscheinlichkeit oder Unwahrscheinlichkeit, mit der diese Möglichkeit zur Wirklichkeit wird und so die letzte Episode unserer Geschichte oder gar der Erde anbricht. Die Frage nach dieser Wahrscheinlichkeit ist eine empirische, historische und politische Frage und nicht Gegenstand dieses Buches. In der Tat hat sich die Wahrscheinlichkeit unseres Verschwindens während der letzten Jahre dank der Veränderungen in Osteuropa und der früheren Sowjetunion verringert, während nicht klar ist, ob die anderen, eben erwähnten Gefahren weniger bedrohlich geworden sind.

Hier geht es einzig und allein um die völlig neue Möglichkeit, daß wir unser Ende selbst verursachen können, und darum, wie sich diese Möglichkeit auf das Bewußtsein und das Gewissen verschiedener Individuen und verschiedener Arten von Individuen auswirkt bzw. welche Wirkung diese Frage haben sollte.

Eine eingehende Untersuchung dieser Wirkung würde umfangreiche Studien erfordern, die unter anderem folgendes untersuchen müßten:

1. *Wie* stellt sich heute *wer* die Zukunft vor? Unter den verschiedenen Variablen dürfte eine besonders wichtig sein: ob der oder die Befragte eine vornukleare Welt gekannt hat oder nicht, das heißt, wie alt er oder sie ist.
2. *Wie* reagiert *wer* auf Katastrophen, Erdbeben, Überschwemmungen, Orkane oder Brände, in alten und neuen Zeiten?
3. *Wie* reagiert *wer* auf Erfindungen – Schießpulver, Buchdruck, Fernrohr, Mikroskop, Dampfmaschine, Automobil, Radio, Fernsehen, Rechenmaschine, Computer usw.?
4. *Wie* verhalten sich Menschen, die das Ende der Welt erwarten?

Zu diesem Fragenkatalog existiert bereits eine umfangreiche Literatur, die freilich teils aus völlig anderen Perspektiven als der hier gewählten verfaßt wurde.

Ich werde im folgenden am Beispiel der Soziologie untersuchen, was sie, was die Beschäftigung mit ihr in Anbetracht der gegenwärtigen Krise bedeuten kann. Normalerweise fällt es dem Soziologen nicht schwer, seine Tätigkeit zu rechtfertigen: Er tue schließlich das, was die beste Soziologie schon immer getan habe, nämlich die Gesellschaft kritisch zu prüfen und auf der Basis solcher Analysen Alternativen zu unterbreiten. Der Hauptunterschied zwischen der vergangenen und der gegenwärtigen Soziologie liege im wesentlichen darin, daß es heute nicht mehr um eine einzelne Gesellschaft gehe, sondern um die ganze Erde (Globalisierung).

Ich selbst kann diese Haltung nicht als Grundlage für mein Denken und Handeln akzeptieren. Das Rationale an ihr gilt als selbstverständlich. Aber die Rationalität oder Vernünftigkeit dieser Haltung gehört derselben Tradition an, die uns zumindest nicht daran gehindert hat, in besagte Krise zu geraten.

An dieser Stelle wird es nötig, den Begriff der »Hingebung« (*surrender*) einzuführen. Unter Hingebung verstehe ich die größtmögliche *»Aufhebung« der Tradition*, denn sich einem Problem, einem Gegenstand, einer Situation, einem Menschen hinzugeben bedeutet, ihm so unvermittelt wie nur irgend möglich zu begegnen.

Die Gesamtheit unserer Traditionen kann weder bejaht noch zurückgewiesen werden. Indem die *Hingebung* die Tradition aufhebt, prüft sie sie, und zwar mit der größten Unerbittlichkeit, deren ein Mensch fähig ist. Er entdeckt, was er, wenn er so ehrlich ist, wie er nur sein kann, wirklich und wahrhaftig glaubt. Dieses Ergebnis der Hingebung ist ihr »Fang«, »Ertrag« oder »Begriff« (*catch*).[1]

Je nach den Umständen meiner Hingebung kann der Fang unterschiedliche Gestalt annehmen: zum Beispiel in der Wahrheit eines Satzes, einer Veränderung der Persönlichkeit, einer Entscheidung oder einem Produkt. Wie dem auch sei, als Ergebnis der Hingebung ist er dem Wesen dessen, dem man sich hingegeben hat, näher gekommen, als es auf anderen Wegen möglich gewesen wäre. Aus diesem Grund – dem maximal erreichbaren Verständnis – ist der Mensch heute *am rationalsten* in der Hingebung – substantiell rational, nicht funktionell rational.

Die einzelnen Teile dieses Buches sind Fänge oder »Begriffe«, gewonnen aus der Hingebung an das grundlegende Thema, wie sich heutzutage die Soziologie rechtfertigen läßt, aber auch – damit diese Frage und meine Antwort darauf mehr einleuchtet –, wie sich heutzutage die Kunst oder die Geschichte der Soziologie oder die Arbeiten einzelner Soziologen rechtfertigen lassen.

Ich bezeichne die einzelnen Bestandteile dieses Buches als »Zugänge« und nicht als Kapitel oder Teile, denn letztere suggerieren eine Geradlinigkeit, die der folgende Text nicht besitzt. Es geht um verschiedene Aspekte ein und derselben Beschäftigung, der Beschäftigung mit der Soziologie heute. Es sind sich erweiternde und vertiefende Zugänge zu der Idee einer zu entwickelnden Soziologie und einer entsprechenden Praxis.

1 Der Gedanke, »catch« mit »Begriff« zu übersetzen, entstand in den sechziger Jahren in einem Gespräch mit Herbert Marcuse, der damit die Hegelsche Komponente der Idee von »catch« – capio, concipio, conception, Begriff – festhalten wollte. Ich bin Herbert Marcuse sehr dankbar dafür! (Siehe dazu auch mein Buch *Hingebung und Begriff*, Neuwied und Berlin 1968.)

Ich danke der Rufer & Partner Stiftung, Pulheim bei Köln, für die vielfältige Hilfe und Unterstützung bis zur Erstellung der vorliegenden Druckfassung. Zutiefst verpflichtet aber bin ich Herrn Dr. Wilfried Dreyer für seine engagierte Mitarbeit mannigfacher Art an der Förderung und Fertigstellung dieses Buches.

Newton, Massachusetts
Januar 1997 K. H. W.

Erster Zugang
Soziologie?

1. Soziologie und ihre Zeit

Worin bestehen also Rolle und Funktion der Soziologie, wie läßt sie sich rechtfertigen angesichts der Tatsache, daß die Menschheit über die Möglichkeit ihrer vollständigen Selbstvernichtung verfügt?

Seit ein paar Jahrzehnten – also etwa während eines Drittels der Zeit, in der der Name »Soziologie« überhaupt existiert – gilt es nicht mehr als wissenschaftlich, Soziologie in bezug auf ihre Zeit zu betreiben. Doch wissen wir alle, daß die Soziologie ursprünglich von der Zeit, aus der heraus sie entstand und in der sie sich entfaltete, angespornt, begeistert oder auch beunruhigt war. Comte, der den Begriff Soziologie prägte (und zu seiner Ehrenrettung sei angemerkt, daß er sich für die Mischung aus Latein und Griechisch entschuldigt hat), richtete an sie die messianische Heilserwartung, daß – dank der Soziologie – seiner Zeit zu einem historisch adäquaten Bewußtsein verholfen werde. Durch sie sollte die Wissenschaft an die Regierung gelangen.

Anders als Comte rückte Marx nicht so sehr die Geschichte an sich als vielmehr deren Agenten ins Blickfeld. Bei ihm verwandelten sich die Stufen, die nach Hegel die Vernunft zu durchlaufen hat, in einen wilden Kampf um Säkularisierung; getragen von den beiden Klassen, die sich seiner Meinung nach in einem unabwendbaren, wenn nicht eschatologischen Konflikt gegenüberstehen, geht dieser Kampf der Freiheit notwendig voraus – einer unbekannten und vor ihrer Erlangung auch nicht erkennbaren Freiheit. In großer Distanz zu Marx wetteiferte Spencer dagegen mit Comte darin, ein Loblied auf seine Zeit zu singen, auf das viktorianische Zeitalter, das immer noch Größeres und Besseres zu versprechen schien. Durkheim beschäftigte sich mit dem Frankreich seiner Zeit und trug zur Rechtfertigung der Soziologie bei, indem er den rätselhaften Selbstmordziffern nachging – wodurch er auf das Phänomen stieß, dem er den Namen Anomie gab. Ähnliches thematisierte Simmel, wobei er dieses Phänomen als Konflikt und Tragödie der Kultur bezeichnete und sich dadurch veranlaßt fühlte, von der Soziologie zu einer ontologischen Lebensphilosophie oder genauer einer lebensphilosophischen Ontologie überzugehen.

Das verleugnete oder in der Theorie außer acht gelassene »Unbehagen an der Kultur« führte zu einem Konflikt zwischen Theorie und Praxis, zwischen der Verbannung der jeweiligen Zeit aus der Theorie, trotz ihres gleichzeitigen Weiterwirkens in der Praxis – einem Konflikt, der besonders deutlich bei Max Weber zum Ausdruck kommt, etwa in dem berühmten Passus am Ende der *Protestantischen Ethik*, der als *locus classicus* gelten kann:

»Niemand weiß noch, wer künftig in jenem Gehäuse [das aus dem puritanischen ›dünnen Mantel‹ geworden war] wohnen wird und ob am Ende dieser ungeheuren Entwicklung ganz neue Propheten oder eine mächtige Wiedergeburt alter Gedanken und Ideale stehen werden, *oder* aber – wenn keins von beiden – mechanisierte Versteinerung, mit einer Art von krampfhaftem Sich-wichtig-nehmen verbrämt. Dann allerdings könnte für die ›letzten Menschen‹ dieser Kulturentwicklung das Wort zur Wahrheit werden: ›Fachmenschen ohne Geist, Genußmenschen ohne Herz: dies Nichts bildet sich ein, eine nie vorher erreichte Stufe des Menschentums erstiegen zu haben.‹«

Aber Weber gebietet sich sofort Einhalt: »Doch wir geraten damit auf das Gebiet der Wert- und Glaubensurteile, mit welchen diese rein historische Darstellung nicht belastet werden soll.«[1]

Dieser Konflikt ist – seit er auf qualvolle Weise in Max Weber ausbrach, von ihm aber unterdrückt wurde – weitgehend aus dem

1 Max Weber, »Die protestantische Ethik und der ›Geist‹ des Kapitalismus« (1904/05), in: ders., *Gesammelte Aufsätze zur Religionssoziologie*, Bd. 1, Tübingen 1920, S. 204. Von den (nicht schlüssigen) Untersuchungen über die Herkunft des Zitats innerhalb dieses Zitats sei hier verwiesen auf Stephen A. Kent, »Weber, Goethe, and the Nietzschean Allusion: Capturing the Source of the ›Iron Cage‹ Metaphor«, in: *Sociological Analysis* 44 (1983), S. 297-319, besonders S. 301 f.; Wolfgang Mommsen, »Max Weber's Political Sociology and His Philosophy of World History«, in: Dennis Wrong (Hg.), *Max Weber*, Englewood Cliffs, N.J. 1970, S. 183-194, besonders S. 186; Alan Sica, »Reasonable Science, Unreasonable Life: The Happy Fictions of Marx, Weber, and Social Theory«, in: Robert J. Antonio/Ronald M. Glassman (Hg.), *A Weber-Marx-Dialogue*, Lawrence 1985, S. 68-88, besonders S. 71-74 und S. 85. (Ich danke Stephen Kalberg, der mich auf die beiden letztgenannten Beiträge aufmerksam gemacht hat.)

Blickfeld geraten, und was man Webers offizielle Seite nennen könnte, wird von der offiziellen Soziologie, besonders in den Vereinigten Staaten, beschworen und in die Praxis umgesetzt. Doch gibt es noch eine andere Art von Soziologie, eine Oppositionspartei gewissermaßen, die mehr oder weniger auf Marx zurückgeht, sicher aber den Anfängen der Soziologie, die in ihre Zeit involviert blieb, treu geblieben ist und zu deren bekanntesten Vertretern Karl Mannheim in Deutschland und England sowie C. Wright Mills und Alvin Gouldner in den Vereinigten Staaten gehören.

2. »Dichten nach Auschwitz?«

Die Frage, ob die Soziologie gerechtfertigt werden kann, ist lediglich ein Exempel für die umfassendere Frage nach der Rechtfertigung jeglicher menschlichen Tätigkeit; denn wenn wir verschwinden, verschwinden unsere Tätigkeiten mit uns. Die Soziologie aufzugeben käme jedoch einem Eingeständnis der Verzweiflung und der Hoffnungslosigkeit gleich. Hoffnungsvoller ist es in jedem Fall, sich zunächst zu fragen, welche Art von Tätigkeit bzw., auf die Soziologie gemünzt, welche Art von Soziologie dazu beitragen könnte, das Ende zu vermeiden. Denn noch ist das Ende nicht besiegelt.

In dieser Formulierung *scheint* die Antwort auf die Frage bereits enthalten: Nur diejenige Soziologie kann das Ende mit abwenden helfen, die sich mit den Umständen beschäftigt, durch die die Krise entstanden ist, und die nach Möglichkeiten ihrer Überwindung sucht – also eine »historisch-pragmatische« Soziologie.

Die Frage nach der Rechtfertigung der Soziologie erinnert an die Frage, wie Dichten nach Auschwitz möglich sei. Dabei gibt es jedoch einen grundlegenden Unterschied.

Es ist uns moralisch auferlegt, nach, trotz und im Angesicht von Auschwitz Gedichte zu schreiben, wenn wir nicht nur mit unserer Unwissenheit oder unserem Überleben zurechtkommen, sondern auch unsere Würde behalten wollen. Im Gegensatz dazu können wir nicht damit rechnen, daß es auch nur *einen* Menschen geben wird, der keine Erfahrung mit der Bombe gemacht haben wird, wenn sie denn einmal explodieren sollte, da wir alle dabeigewesen sein werden. Und: Auschwitz *ist* geschehen, während die letzte Bombe noch nicht losgegangen ist und andere Zerstörungsfaktoren noch nicht ihr volles Ausmaß erreicht haben: Der letzte Atemzug ist noch nicht getan.

3. Welt-eröffnende und kritische Soziologie

Viele Soziologen denken nicht in der hier dargelegten Weise über die heutige Lage der Menschheit. Aus ihrer Sicht stellt sich die Frage nach der Soziologie in dieser Form überhaupt nicht, denn sie halten es für eine Selbstverständlichkeit, daß Soziologie weiter ausgeübt werden soll, daß sie die Ursachen der Misere aufzudecken und Wege zu ihrer Verringerung oder Abschaffung aufzuzeigen habe, indem sie *die* Merkmale der Gesellschaft und der in ihr lebenden Menschen offenlegt, die uns in den kollektiven Selbstmord treiben, sowie die gegenteiligen Elemente und Maßnahmen, die sich den ersteren in den Weg stellen. Ich ehre diese Auffassung und die Ausübung einer solchen – der »historisch-pragmatischen« – Soziologie und bin froh, daß sie verfochten und angewandt wird, aber ich selbst handle nicht ihr gemäß, und ich lege großen Wert darauf zu erklären, warum. Die historisch-pragmatische Soziologie scheint rational und vernünftig zu sein. Das Ausmaß der gegenwärtigen Krise macht mich jedoch mißtrauisch gegenüber solchen schon »erprobten« Auffassungen des Rationalen und Vernunftgemäßen, es macht mich mißtrauisch gegenüber unseren Denktraditionen überhaupt, die uns dahin gebracht haben, wo wir sind, oder es zumindest nicht verhindert haben.

Wie also eine Antwort auf meine Frage finden? Ich brauchte einige Zeit, bis ich eine Verbindung zwischen meiner Suche und der Tatsache erkannte, daß verschiedene soziologische Arbeiten, die ich gerade gelesen hatte, mich nicht gelangweilt oder gleichgültig gelassen, sondern regelrecht fasziniert hatten. Ich fühlte, sie waren wichtig. Warum? Was zeichnete diese Arbeiten aus?

In einem Fall handelte es sich um eine Dissertation, die weitgehend aus Interviews mit Überlebenden des Holocaust bestand.[2] Es war und ist mir unbegreiflich, wie diese Menschen es fertigge-

2 Vgl. Henry Greenspan, »Who Can Retell?«, Ph. D. Diss., Brandeis University, Waltham, Mass. 1985.

bracht hatten, ihr Schicksal auszuhalten, ja, allein schon, wie ihr Interviewer ihre Geschichten überlebte. Ich hatte das Gefühl, daß diese Art von Aufzeichnungen notwendig war, ein notwendiges Manifest[3], angesichts dessen die Geschichte und ihre Probleme verschwanden.

Die zweite Arbeit, die mich beeindruckte, war in der besten Tradition der Chicago-Schule abgefaßt und beschrieb die Welt eines Maschinisten.[4] Ich fragte mich, worin das Gemeinsame dieser beiden Werke lag, was mich an beiden so fesselte, und ich erkannte, daß beide ihre Leser in Welten führten, die sie zuvor nicht gekannt hatten.

Alle Leser? Auch andere Überlebende und andere Maschinisten? Für diese mochte es weniger eine Einführung in eine unbekannte Welt sein als eine plötzliche Klärung dessen, was sie schon ahnten: ein Schock der Erkenntnis.

Neben der Soziologie, die eine neue Welt eröffnet oder ein neues Licht darauf wirft, gibt es jedoch noch eine andere, bei deren Lektüre sich die Frage, wie sie sich rechtfertigen ließe, ebenfalls erübrigt: die Soziologie, die ihrer Gesellschaft kritisch gegenübersteht – dazu zählen manche Schriften der Frankfurter Schule, aber auch die Arbeiten Karl Mannheims, C. Wright Mills', Alvin Gouldners und anderer. Schließlich möchte ich noch einen letzten Text erwähnen, den ich vor einiger Zeit gelesen habe: eine Studie über den Krieg in Vietnam, ein Beispiel kritischer Soziologie, atemberaubend in ihrer nüchternen, detaillierten Beschreibung.[5]

4. Die Rehabilitierung des Individuums

Ich fragte mich, was es ist, das diese *beiden* Arten von Soziologie – nennen wir sie »welt-eröffnend« und »kritisch« – so wertvoll und überzeugend macht. Was ist *beiden* gemeinsam?

Meiner Meinung nach liegt es daran, daß sie am Individuum, am

3 Vgl. James Agee und Walker Evans, *Let Us Now Praise Famous Men*, Boston 1941.

4 Vgl. Roger Tulin, *A Machinist's Semi-Automated Life*, San Pedro, Cal. 1984.

5 Vgl. James William Gibson, *The Perfect War. Technowar in Vietnam*, New York 1986.

menschlichen Subjekt festhalten[6], daß sie es in Erinnerung bringen, es feiern, auch wenn die Bürokratie es zu einem Ding herabsetzt, der Totalitarismus es auslöscht und es unweigerlich der Vergangenheit angehören wird, falls die Bedrohung, die dieses Buch thematisiert, die Gestalt einer Tatsache – einer letzten Tatsache – annehmen sollte. Darin liegt der Grund, warum diese Bedrohung, warum selbst die Geschichte bei der Lektüre solcher soziologischen Schriften für mich in Vergessenheit gerät: Die Lektüre ist eine Begegnung mit Mitmenschen in einer überwältigenden Gegenwärtigkeit, einer Gegenwart, die sich nicht mehr von Vergangenheit und Zukunft unterscheidet, sondern in der zeitliche Unterschiede aufgehoben sind; die nicht der Zeit gehört, nicht dieser Welt – und gerade deshalb allen Zeiten verfügbar und zugänglich ist.

Worin aber besteht die Beziehung zwischen einer derartigen Unzeitlichkeit oder Ungeschichtlichkeit und dem Zeitbezug, der, wie ich zuvor behauptet habe, bei den Anfängen der Soziologie Pate gestanden und sie während ihres ersten Jahrhunderts beflügelt hat? Wie verschieden die drei angeführten Beispiele auch sein mögen, sie alle *vergegenwärtigen* uns Aspekte unserer Zeit und konfrontieren uns mit Welten, die in unserer Zeit eine Rolle spielen, die wir jedoch zuvor nicht kannten bzw. deren Wesen wir nicht erkannten – die uns aber, sobald wir über sie lesen, überwältigen, was auch immer unsere anderen Gefühle sein mögen, und unsere anderen Gefühle sind in den drei Fällen gewiß sehr verschieden. Verglichen mit *dieser* Beziehung zu unserer Zeit – denn es *ist* eine Beziehung zu unserer Zeit – nimmt sich der Zeitbezug der klassischen Soziologie einfach, naiv und unschuldig aus: hier ist unsere Zeit, hier sind Eigenschaften dieser Zeit; sie sind schlecht oder bösartig oder bedrohlich oder Unrecht; hier ist meine Bemühung, sie zu erklären und zu ändern. Heute dagegen sieht es so aus, als müßten wir die Welt der Geschichte, die Alltagswelt, verlassen, über sie hinausgehen, sie transzendieren, um überhaupt eine Chance zu haben, sie zu erkennen.

In dem Maße, in dem dies zutrifft, weist die Soziologie ein Merkmal auf, das sie mit der Erfahrung gänzlicher Erfülltheit teilt: Wenn wir gänzlich erfüllt sind, verschwindet die zeitliche

6 Das wurde mir in einer Unterhaltung mit Robbie Pfeufer Kahn klar, wofür ich ihr danke.

Dimension, es verschwinden überhaupt alle Orientierungen, die wir brauchen und gebrauchen, um in der Alltagswelt zurechtzukommen. Dieses Erfülltsein heißt, außerhalb der Alltagswelt zu sein und in *die* Welt einzutreten, die uns erfüllt.

Doch besteht ein Unterschied zwischen der Soziologie und zahlreichen anderen Formen der Erfüllung. Dieser Unterschied macht sich nicht so sehr an der Erfüllung selbst fest wie an dem Wiederhervortreten aus ihr in die Welt des täglichen Lebens, in die Alltagswelt, in die Lebenswelt, in das, was Alfred Schütz die Welt der »ausgezeichneten Wirklichkeit« nennt.[7] Es ist die Welt, die die Soziologie immer erforscht hat, denn anders als für Philosophie oder Kunst ist die Lebenswelt ihr ureigenster Bereich. Sie hat versucht zu verstehen, wie die Gesellschaft »tickt« – aber wie steht es damit heute, wenn wir nicht wissen, ob das Ticken nur der Explosion vorausgeht?[8]

Die Frage, welche Haltung gegenüber der »ausgezeichneten Wirklichkeit« heute angebracht ist, stellt sich freilich nicht nur der Soziologie. Wenn wir, als Soziologen oder auch als Nicht-Soziologen, eher unseren Sinnen trauen als den überlieferten Ideen, die jene verblenden, dann scheint der einzige Weg, mit unserer »ausgezeichneten Wirklichkeit« fertig zu werden, darin zu bestehen, sie abzulehnen – denn, wie Herbert Marcuse bereits im Jahre 1960 schrieb, »›das Ganze ist die Wahrheit‹, und das Ganze ist falsch«.[9]

Nachdem wir so von der Soziologie erfüllt sind, kehren wir in die Welt des Alltags zurück – mit dem Wunsch, in dieser Welt etwas zu tun, das dazu beiträgt, unser Ende abzuwenden und die Chancen zu erhöhen, daß wir Menschen der Todesgefahr entrinnen und uns von den Fehlern, die dazu geführt haben, befreien.

7 Vgl. Alfred Schütz, »Über die mannigfaltigen Wirklichkeiten«, in: ders., *Gesammelte Aufsätze*, Bd. 1: *Das Problem der sozialen Wirklichkeit*, Den Haag 1971, S. 237-298.

8 Ich verdanke das englische Äquivalent (»ticking« vs. »countdown«) Jonathan B. Imber, dem ich für die Erlaubnis seiner Verwendung danke.

9 Herbert Marcuse, »Preface. A Note on Dialectic« (1960), in: ders., *Reason and Revolution: Hegel and the Rise of Social Theory* (1941), Boston 1960, S. XVI. [In der deutschen Übersetzung *Vernunft und Revolution*, in: *Schriften*, Bd. 4, Frankfurt am Main 1989, nicht enthalten.]

Zweiter Zugang
Kunst – heute?

Um die Frage, die in diesem Buch im Hinblick auf die Soziologie gestellt wird, auf einen anderen Lebensbereich anzuwenden, soll sie jetzt auf die Kunst bezogen werden. Warum gerade die Kunst und nicht ein anderer Tätigkeitsbereich des Menschen? Aus dem einfachen Grund, weil ich mich – neben der Soziologie – auch ihr verschrieben habe.

Dieser Umstand wäre sowohl für die Leser wie für das Anliegen dieses Buches völlig belanglos, bestünde nicht gerade die Stoßrichtung dieses Buches darin, daß es nicht nur auf den vorzutragenden Gedankengang Gewicht legt, sondern auch auf den seine Gedanken Vortragenden selbst. »Kunst – heute?« ist somit ein weiteres Beispiel für die Relevanz des Individuums und seine Rehabilitierung.

1. Wer fragt »Kunst – heute?«

»Heute« ist *nach* Auschwitz und *vor* dem, was noch niemals in unserer Geschichte so ungewiß gewesen ist. Die Frage »Kunst – heute?« meint, ob nicht andere Tätigkeiten, die eine größere Chance hätten, eine entsetzliche Zukunft oder gar das Ende jeder Zukunft abzuwenden und statt dessen eine lebenswertere Zukunft herbeizuführen, ob solche Tätigkeiten nicht dringlicher wären, als Kunst zu produzieren oder zu genießen. Wenn dies die Frage ist, dann konkurrieren diese Tätigkeiten, worin sie auch immer bestehen mögen, mit der Kunst um die kurze Zeit, die wir vielleicht noch haben, um die Zukunft zu beeinflussen: ›Wie kannst du fiedeln, wenn Rom brennt?‹

Wer aber stellt eigentlich die Frage »Kunst – heute?« angesichts unserer gefährdeten Welt? Wenden wir uns zunächst denjenigen zu, die sie *nicht* stellen. Da gibt es einmal den Typus von Personen (mit vielen Untertypen), der nicht genügend um die Zukunft besorgt ist, als daß diesbezügliche Fragen seine Produktion oder den Genuß der Kunst beeinträchtigen könnten. Ein zweiter Typus ist davon überzeugt, daß die Zukunft ohnehin keinen Pfifferling mehr wert sei, wenn die Kunst vernachlässigt würde. Drittens gibt es den Typus von Personen, deren Interesse an der Kunst zu gering ist, als daß es mit dem an der Zukunft konkurrieren könnte. Schließlich wäre noch der – vielleicht am weitesten verbreitete – Typus zu nennen, der sich weder um die Zukunft noch um die Kunst genügend sorgt, als daß ihm die Frage überhaupt in den Sinn käme. Und es mag noch weitere Typen geben.

Wen aber beschäftigt die Frage? Offensichtlich denjenigen, der das Gegenteil zu dem letztgenannten Typus darstellt, das Individuum also, das keine der beiden Besorgnisse loszuwerden vermag. So die Besorgnisse etwa gleich stark sind, kann eine solche Person die ihr zur Verfügung stehende Zeit und Kraft im selben Maße auf beide Bereiche verwenden. Dieser Typus ist grundverschieden von einem zweiten, für den die Frage wichtig ist, der aber von dem Konflikt zwischen seiner Liebe zur Kunst und der Sorge um die Zukunft zerrissen wird, so daß er nicht weiß, was er tun soll. Auf seiner Suche nach einer Antwort muß er sich über mancherlei klar werden: Was versteht er unter Kunst? Wie definiert er die vielen Probleme – materielle, politische, wirtschaftliche, soziale, moralische –, die die Zukunft bedrängen? Welche Rangordnung haben seine Interessen? Er muß aus einem von zwei Gründen oder aus beiden herausfinden, was er tun soll: weil er der Notwendigkeit, es zu tun, inne wird oder weil er es zu tun *wünscht*, oder, im Idealfall, weil er zu tun wünscht, was er unter dem, was er tun *muß*, versteht. Genauer besehen aber ist es für einen solchen Menschen unmöglich, einfach das zu tun, was er zu tun wünscht, denn sonst stellte sich die Frage ja gar nicht: Er würde gemäß seinem Interesse an der Zukunft handeln (wie der dritte Typus unter denen, die die Frage *nicht* aufwerfen) oder gemäß seinem Interesse an der Kunst (wie der zweite Typ).

Der Typus, der hier zur Diskussion steht – der herauszufinden versucht, was er tun muß, weil er einsieht, daß er etwas tun muß –, hat nur zwei Wünsche, zwischen denen er zu wählen hat: Entweder beschäftigt er sich mit der Kunst oder der Zukunft. Er muß klären, welchem dieser beiden Wünsche er nachgehen soll, selbst wenn er es nicht wünscht. Die bloße Erkenntnis dessen, was er zu tun wünscht, ist noch kein ausreichender Grund, es auch zu tun. Der Wunsch kann nur als gerechtfertigter Wunsch eine Rolle spielen, gerechtfertigt angesichts der Ungewißheit der Zukunft oder der Macht der Kunst.

2. Cyrano de Bergerac

Ich will nun von einem Erlebnis in einer anderen Welt, einer anderen Welt als der, in der wir gerade waren, berichten.

Ich sah die Nachrichten. Es war während des Kriegs in Vietnam. In Phnom-Penh saßen reiche Leute in Straßencafés oder spielten Tennis, während die anderen, das heißt fast alle, arm waren und dies nicht tun konnten, sondern Granaten und Raketen ausgesetzt, verwundet, ausgehungert und getötet wurden. Den Reichen gelang es jedoch, den Präsidenten der Vereinigten Staaten von Amerika davon zu überzeugen, ein paar hundert Millionen Dollar mehr auszugeben, um die Zerstörung der Stadt hinauszuzögern, so daß sie noch ein paar Wochen länger dort bleiben könnten, bevor sie zu ihrer Riviera fliehen müßten (das Unheil der amerikanischen Außenpolitik sollte im Namen der Moralität fortgesetzt werden, während seine Beendigung als unmoralisch galt).

Nur ein paar Stunden nach dieser Nachrichtensendung war ich, erfüllt von *Cyrano de Bergerac*, jubilierend in die Kunst des Schauspielens vertieft, erstaunt, überwältigt von unglaublicher Liebe. Und dann, ohne darüber nachzudenken, wie ich es jetzt im Begriff bin zu tun, ging ich in mein Zimmer und suchte und fand das Manuskript eines Romans, den ich 1933 geschrieben hatte, vor mehr als einem halben Jahrhundert, während des ersten Sommers nach Hitlers sogenannter Machtergreifung (im September 1933 verließ ich mein Vaterland, meine Heimat). Zu jener Zeit lebte ich in der Welt der Kunst, lebte ich Kunst, gerade wie Rostand, und während ich davon erfüllt war, fanden Gemetzel statt in Kambodscha und Vietnam, deren reiche Leute ihr Gegenstück in Deutschland hatten und noch immer und überall haben. Ich hatte das, was ich 1933 geschrieben hatte, seit Jahren nicht mehr angesehen, obwohl ich damals davon so erfüllt war wie jetzt von *Cyrano* und wie nach dem Erlebnis von *Cyrano* und der anschließenden Rückkehr zu meinem Roman – vielleicht war es sogar Jahrzehnte her, daß ich ihn zuletzt angeschaut hatte. Ich las ein Kapitel, »Joachim [ich hatte sogar den Namen vergessen!] verfaßt ein Gedicht«: Ich erinnerte mich, daß es ein entscheidendes Kapitel war, eine Darstellung meiner Art zu sein, aber sonst hatte ich alles vergessen, außer daß die Entstehung von »Joachims« Gedicht von irgendwelchen völlig ungewöhnlichen, vielleicht sogar überspannten Umständen begleitetet war. Ich hatte vergessen, daß Joachim, wohlgemut auf einer Bank auf Hügelhöhe sitzend, Besuch von einer Sphinx hatte, die sowohl menschlich wie maschinell war, daß sich zwischen beiden ein Dialog entwickelte, sie ihn dabei aber mit einem Korb neckte, der mit Obst gefüllt war und den sie in einer ihrer Hinterpfoten hielt, eine Karaffe Wein in der anderen, dergestalt, daß sein Greifen nach den Früchten ein Zurückreißen des Weins, ein Greifen nach dem Wein aber ein Zurückreißen der Früchte bewirkte, wobei sich der Mechanismus desto mehr beschleunigte, je schneller er seine Versuche wiederholte. Ich hatte auch vergessen, daß Joachim nicht allein war, sondern in Begleitung von drei jungen Leuten, zwei Männern und einer Frau (die sich in meinem damaligen Alter befanden, während Joachim alt, das heißt auf der Höhe des Lebens angelangt war – sein Modell war ein verehrter Freund, ein Dichter, der schon lange gestorben ist: er starb, bevor er fünfzig wurde).

Alle drei hatten sich natürlich in Joachim verliebt, wenn auch auf verschiedene Weise. (Ich sah nicht auf den vorhergehenden Seiten nach, ob die vier sich schon vor Joachims Besuch in ihrem »Haus auf der Wiese« gekannt hatten oder ob sie sich erst dort kennenlernten.) Die drei jungen Leute standen in einer lockeren Beziehung zueinander, und Joachim war ein Genie, und so ging alles schön voran, außer daß er sie ängstigte, indem er ein Schauspiel der Verrücktheit inszenierte, das sie erbleichen ließ. Das wiederum brachte ihn zum Lachen über die Kinder (und mit den Kindern), die gespielten nicht von wirklichem Wahnsinn unterscheiden konnten.

Jetzt waren sie verlegen. Sie hatten sich für Kunstsachverständige gehalten, trotzdem aber nicht begriffen, daß der Wahnsinn, echt oder unecht, die Wehen bedeutete, die der Geburt des Gedichts vorangingen – des Gedichts, das ebenso zu Joachims Überraschung wie zu ihrer entstand, wie auch zu meiner eigenen, denn ich war es natürlich, der es schrieb.[1]

1 Vgl. Kurt H. Wolff, »Joachim verfaßt ein Gedicht. Ein Kapitel aus dem unveröffentlichten Roman Organda« (1933), in: ders., *Das Unumgängliche. Gedichte, Prosa, Theater, Essays*, Darmstadt 1988, S. 56 bis 64.

3. »Kunst – heute?« begünstigt die Kunst

Das Vorhergehende wurde in einer anderen Welt geschrieben als der, mit der wir anfingen. Die Frage »Kunst – heute?« war in der Welt des Alltags aufgekommen, in der jemand fragen mag, ob er oder sie sich mit der Kunst oder der Zukunft beschäftigen soll. Beide, Kunst und Zukunft, sowie die Frage, welcher der beiden der Vorzug zu geben sei, gehören dieser Welt an. In der Welt der Kunst, der wir soeben einen Besuch abstatteten, existiert eine der beiden – die nach der Zukunft – nicht: Es gibt hier keine Zukunft, also auch keine Frage nach der Zukunft, denn der Künstler und der Kunstgenießer sind von der Kunst erfüllt (wie von anderem in anderen Welten), so daß sie weder vorwärts noch rückwärts blicken – überhaupt in keine Richtung, außer in die der Kunst. Während ich *Cyrano de Bergerac* anschaute und mich nach meinem Roman umsah, ihn fand und darin las, wurde ich keines drohenden Unheils, keines Washingtons oder Kambodschas gewahr, also auch keines der damit verbundenen Probleme.

An dieser Stelle wird es notwendig, genauer und ehrlicher, als es bisher geschah, die Typen von Individuen zu untersuchen, die die Frage »Kunst – heute?« aufwerfen, die fragen, ob angesichts der undurchsichtigen, drohenden Zukunft anderen Tätigkeiten als (beispielsweise) der Kunst der Vorrang einzuräumen sei. Ich frage mich jetzt nämlich, ob ich jemanden kenne, der dem einen oder dem anderen der beiden Typen entspricht, die ich konstruiert habe – also dem, der sich weder von der Kunst noch von der Zukunft losmachen kann und sich um beide sorgt, und dem anderen, der in seiner Sorge um beide hin und her schwankt und, statt einer der Sorgen nachzugehen, versucht, sich darüber klar zu werden, welcher der beiden er nachgehen, kurz, was er tun sollte. Zu meiner eigenen Überraschung muß ich gestehen, daß ich niemanden kenne, der entweder dem einen oder dem anderen dieser beiden Typen entspricht.

Wie kam ich dann auf diese beiden Typen? Ich muß sie schematisch von den Typen abgeleitet haben, von denen ich mir vorstellte, sie würden die Frage *nicht* aufwerfen.

Doch was geschah dann, als ich, um mich von dieser Übung der Typenbildung zu erholen, mir ein Theaterstück ansah und von der Alltagswelt, der Lebenswelt hinüberglitt in die Welt der Kunst? In der Einleitung meines Berichts darüber fragte ich mich anschließend, ob das, was ich gesagt hatte, auch wirklich so sei. Ich nehme jetzt diese Frage wieder auf und rücke der Erkenntnis, wie es ist, näher, als mir dies am Anfang möglich war.

Der erste Schritt dieser Annäherung war die Einsicht, daß ich niemanden kenne, der dem einen oder dem anderen der beiden Typen entspricht, von denen ich behauptet hatte, daß sie die Frage aufwerfen (vermutlich kennt hingegen jeder Repräsentanten der anderen vier Typen, die die Frage *nicht* stellen; am häufigsten dürften wahrscheinlich der erste Typus, der sich nicht genügend um die Zukunft sorgt, und der dritte vorkommen, dem die Kunst nicht wichtig genug ist, um die Frage überhaupt zu stellen).

Ich werde jetzt einen zweiten Schritt machen, indem ich behaupte, daß die Frage »Kunst – heute?« implizit zugunsten der Kunst formuliert ist. Ihre ehrlichere und genauere Formulierung müßte lauten: Ist es mir erlaubt, mich mit Kunst zu beschäftigen, oder darf ich es nicht, weil ich mich der Zukunft widmen muß? Es handelt sich um eine Variante der Frage »Dichtung – nach Auschwitz?«. Um zu sehen, wie die ursprüngliche Formel der Kunst zuneigt, muß man nur die Objekte vertauschen, und man erkennt, wie sich eine ganz andere Frage ergibt: Ist es mir erlaubt, mich mit der Zukunft zu beschäftigen, oder ist es mir nicht erlaubt, weil ich mich der Kunst widmen muß? Ich kann mir nicht vorstellen, daß jemand *diese* Frage stellt, es sei denn zwei Liebende während einer Malstunde, oder einer, der eine Kurzgeschichte zu Ende schreiben muß, bevor er auf eine lang erwartete Reise gehen kann, oder irgendein anderer Fall einer erzwungenen Beschäftigung mit Kunst, die einen bevorzugten Zustand oder eine bevorzugte Tätigkeit hinausschiebt.

Was lernen wir aus dieser Betrachtung der Kunst, der Zukunft und der Beziehung zwischen ihnen?

4. Anfang

Zunächst ist festzuhalten, daß die Frage in ihrer die Kunst begünstigenden Formulierung aus einer Tradition stammt, in der die Kunst zum Wesen des Menschen gehört; Kunst schaffen und genießen sind Elemente eines menschenwürdigen Lebens, ja unentbehrliche Elemente.

Damit wird die erzwungene Beschäftigung mit der Kunst aus der Betrachtung ausgeschieden. Zweitens ist die Zukunft die Zukunft der Menschheit, nicht irgendeines Individuums, einer Familie oder Gruppe, wie groß diese auch sei, und handle es sich um eine ganze Nation. Das heißt natürlich nicht, daß die Menschheit unsere Frage stellt: Nur Individuen können das, und eines von ihnen stellt sie hier in diesem Buch.

Wenn diese ersten beiden Punkte einfach und klar sind, so ist es der nun folgende dritte, die Beziehung zwischen Kunst und Zukunft, nicht. Er erfordert die Klärung der Faktoren, die die Zukunft der Menschheit beeinflussen.

Diese lassen sich in zwei große Bereiche, in den menschlichen und den nichtmenschlichen, einteilen. Vom ersteren gibt es zahlreiche deprimierende Bestandsaufnahmen – in technischer, wirtschaftlicher, sozialer, politischer und moralischer Hinsicht.[2] Die nichtmenschlichen Faktoren lassen sich unter dem Begriff »Klima« zusammenfassen: Veränderungen im Auftreten und der Häufigkeit von Dürren, die womöglich mit der Ausbreitung der Sahara nach Süden und der Unregelmäßigkeit der Monsune zu tun haben, die Erwartung einer neuen, kleinen oder großen Eiszeit zu unseren oder unserer Kinder Lebzeiten usw. Die beiden Arten von Faktoren hängen natürlich zusammen, insofern die Menschen nicht nur auf sich selbst, sondern auch, und dies mit weitreichenden Folgen, auf die Natur, das heißt auf nichtmenschliche Elemente der Zukunft einwirken – und sie tun das seit Urbeginn. Was im Hinblick auf beide Arten von Faktoren getan werden müßte, umfaßt alle Tätigkeiten, die mit der Kunst um unsere Zuwendung wetteifern.

Aber könnte nicht die Kunst selbst eine dieser Tätigkeiten sein? Ließe sich gar behaupten, der Kunst gebühre der Vorrang unter ihnen, da sie dazu beitragen könne, »eine entsetzliche Zukunft oder gar das Ende jeder Zukunft abzuwenden« und »eine lebenswertere Zukunft herbeizuführen«? Wäre dem so, müßte Kunst im Gedanken an diese problematische Zukunft geschaffen werden.

Wahrscheinlich gibt es Individuen, die auf die Frage »Kunst –

2 Vgl. dazu zum Beispiel die deprimierende Arbeit von Robert L. Heilbroner, *An Inquiry into the Human Prospect*, New York 1974, und das beängstigende Buch von Jonathan Schell, *The Fate of the Earth*, New York 1982.

heute?« mit dem Versuch antworten, ein Kunstwerk aus dieser Perspektive zu vollenden, womöglich in der Form eines Romans, eines Gemäldes oder in einer anderen Weise, die ein Ziel verfolgt – früher wurde dies als »Tendenzkunst« bezeichnet. Sie schreiben etwa einen »Tendenzroman« oder gar ein »Lehrstück«. Diese Art Kunst, deren bekanntester und wohl bester Vertreter Bertolt Brecht ist, zielte darauf ab, Merkmale der Gegenwartsgesellschaft, und hier vor allem die negativen Merkmale, aufzuzeigen, um denen, die sich haben verblenden lassen, die Augen zu öffnen.[3] In dieser Kunst ist die Zukunft eher implizit enthalten, sie stellt nicht den ausdrücklichen Bezugsrahmen dar: Diese Funktion hat vielmehr die Gegenwart inne. Walter Benjamin, ein Verehrer Brechts, hat behauptet, »daß die politisch richtige Tendenz eine literarische Tendenz einschließt«.[4] Das, glaube ich, trifft auch auf ein Kunstwerk zu, das ausdrücklich der Zukunft zugewandt ist – zumindest, solange wir es mit der Art von Kunst zu tun haben, deren Schöpfer sich bewußt darum bemüht, etwas für die Zukunft des Menschen zu tun.

Andererseits gibt es Kunst, die nicht so sehr geplant ist, sondern den Künstler überkommt. Aber da in diesem Fall kaum irgend etwas getan werden kann, um ihr zur Geburt zu verhelfen, stellt sie lediglich einen schwachen Trost dar. Freilich, wenn sie einmal Wirklichkeit geworden ist oder in Erinnerung gebracht wird (wie etwa das Gedicht, von dem ich mir vorstellte, es sei Joachims plötzlicher Einfall gewesen), hat sie Folgen, wie alle anderen Begebenheiten auch. (So hat die Erinnerung an Joachims Gedicht Folgen für meine gegenwärtige Unternehmung.)

Ein ganz anderer Aspekt der Zukunft kommt zum Vorschein, wenn ich frage, ob ich für die Zukunft verantwortlich bin. Haben sich denn meine Vorfahren Gedanken über die heutige Generation gemacht? Aller Wahrscheinlichkeit nach nicht, und wenn sie es getan haben, waren sie wohl kaum um die gesamte Menschheit besorgt, sondern nur um die Nachfolger ihrer eigenen Gruppe – ihrer Familie, ihres Stammes, ihrer Klasse oder Rasse. Aber auch jetzt wird die Frage »Kunst – heute?« nur von wenigen gestellt, die überdies in einer sozialen und wirtschaftlichen Lage sein

3 Der »sozialistische Realismus« ist gewiß auch eine Tendenzkunst, die allerdings gerade nicht kritisiert, sondern feiert.

4 Walter Benjamin, »Der Autor als Produzent« (1934), in: ders., *Gesammelte Schriften*, Bd. II/2, Frankfurt am Main 1977, S. 684 f.

müssen, die ihnen eine solche Frage überhaupt erlaubt oder gar aufdrängt. Trotzdem geht die Frage die gesamte Menschheit an – der Teil, der auf die Zukunft zielt, direkt, der, der auf die Kunst zielt, indirekt.

Die Situation derer, die die Frage hören, ähnelt dabei jener, die sie stellen – was ihre sozialökonomische und kulturelle Lage anbelangt. Aber auch hier sind die Menschen, die sich außerhalb des Hörerkreises befinden, ebenfalls von der Frage mitbetroffen.

Daß sich die Frage, ob wir für unsere Nachkommen verantwortlich sind, überhaupt so stellt, liegt daran, daß wir gelernt haben, weiter in die Zukunft zu denken als vermutlich die meisten der früheren Generationen; die Frage steht womöglich zum erstenmal auf dem Programm der Menschheit. Verglichen mit der Frage, was wir *jetzt* tun müssen, erscheint jedoch diejenige nach unserer Verantwortlichkeit für die Menschen, die nach uns kommen, erst an zweiter Stelle. Aber ist nicht das Beste, was wir für sie tun können, auch das Beste, was wir *jetzt* tun können? Sollte dem so sein, müssen wir dennoch wissen, was wir *jetzt* am besten tun. Was muß ich tun? Die Frage schließt unsere anfängliche Frage ein, nämlich die, ob ich mich der Kunst oder der Zukunft widmen muß.

Ich habe darauf keine Antwort, außer einer persönlichen. Nachdem mich alle Mühen nur zum Anfang zurückgebracht haben, bin ich mir jedoch sicher, daß ich auf dem letzten mir jetzt erreichbaren Grund angekommen bin, das heißt zu einem Anfangen, das so wirklich ist, wie ich es, bei dieser Gelegenheit, auch nur erreichen kann.

Ich hoffe, ja, ich baue darauf, daß meine persönliche Antwort nicht idiosynkratisch, sondern von Interesse auch für andere, also bis zu einem gewissen Grad repräsentativ ist. Meine Antwort lautet: Ich versuche so gut ich kann, die Frage »Kunst – heute?« zu beantworten. Ich tue, was ich tun muß, das heißt, ich gehe meinen gewöhnlichen Tätigkeiten nach, wobei ich mir gelegentlich die Frage stelle, wie diese Tätigkeiten sich in verschiedenen Perspektiven ausnehmen. Aber wie steht es in diesem Zusammenhang um die Kunst? Worin immer auch meine Tätigkeiten bestehen mögen, Kunst ist ein Teil von mir. Ohne sie fühle ich mich unterernährt.

Nach einer gewissen Zeit muß ich einen Roman lesen, Musik hören, ein Gemälde ansehen, zeichnen. Dabei vergesse ich den problematischen Charakter meiner Tätigkeiten, die Lebenswelt, und bin in der Welt der Kunst. Das könnte klingen, als ob Kunst Therapie wäre, aber sie ist es nicht mehr, als Liebe, Weisheit, Güte oder Gerechtigkeit es sind. Sie alle (und anderes mehr) tun gewiß gut, stärken die körperliche und geistige Gesundheit und vermögen zu heilen, aber das gehört nicht zu ihrem Wesen: Dieses wird durch ihre Bezeichnung als therapeutisch nicht erhellt – es sei denn, man hielte die ganze *condition humaine* für krank, dann aber wären Kunst, Liebe, Weisheit, Güte und Gerechtigkeit davon ebenfalls betroffen, und sie als Elemente der Krankheit zu bezeichnen, die die *condition humaine* befallen hat, wäre lediglich ein fruchtloses Unterfangen.

Die Mehrzahl derer, die über die Kunst nachgedacht haben, betrachtet sie vermutlich als ein wesentliches Element der Gesellschaft, obgleich nicht alle aus demselben Grund zu dieser Einschätzung gelangen, zum Beispiel weil manche der Ansicht sind, daß sich die Kunst »mit dem Geheimnis der Existenz im menschlichen und metaphysischen Sinne«[5] beschäftigt. Wahrscheinlich hat es nie eine Gesellschaft und gewiß nie eine Menschheit gegeben, die keine Kunst gekannt hat, und die darauf basierende Annahme, in dieser Hinsicht werde die Zukunft wie die Vergangenheit sein, läßt es als sinnvoll erscheinen, das Wesen, die Funktion, die Folgen und die Beziehungen der Kunst zu diskutieren. Ich teile jedoch diese Annahme nicht, sondern stelle sie in Frage.

Die Kunst mag – wie die Religion – universal sein, aber das heißt: universal in allen Gesellschaften. Meine Frage »Kunst – heute?« gründet in der Ungewißheit, ob es überhaupt irgendeine Gesellschaft in der Zukunft geben wird. Statt der Kunst hätte ich dieselbe Frage auch anhand jeder anderen gesellschaftlichen Institution stellen können. In dem Moment, in dem Rom brennt, wird jede Tätigkeit außer dem Feuerlöschen zum Gefiedel – und außer dem Sich-selbst-Retten, denn Selbstmord erhält Rom auch nicht am Leben.

Und doch gibt es einen tieferen Grund, die Frage am Beispiel der Kunst zu diskutieren und nicht beispielsweise an dem der Religion oder der Philosophie. Denn die Grundfrage, so stellten

5 Herbert Read, »Rational Society and Irrational Art«, in: *The Critical Spirit. Essays in Honor of Herbert Marcuse*, hg. von Kurt H. Wolff und Barrington Moore, unter Mitarbeit von Heinz Lubasz, Maurice R. Stein und E. V. Walter, Boston 1967, S. 211.

wir fest, lautet: Was muß ich tun? Es ist eine existentielle, moralische und politische Frage, nicht die Frage eines Künstlers. Der tiefere Grund dafür wurde deutlich, als ich berichtete, wie ich, nachdem ich *Cyrano de Bergerac* gesehen hatte, mich plötzlich an einen Roman erinnerte, den ich viele Jahre zuvor geschrieben hatte. Dieser Besuch in der Welt der Kunst erleichterte und entzückte mich zugleich. Als ich diese Welt wieder verlassen hatte, bestand das Problem fort. Es blieb und bleibt nach wie vor ungelöst.

Und doch fühlte ich mich gestärkt: Die Frage »Kunst – heute?« war irgendwie weniger dringend. Ich war darauf vorbereitet worden, es zu ertragen, ja es offensiv zu vertreten, daß ich nur eine persönliche Antwort auf die Frage zustande brächte. Diese Zustimmung stellte sich ein, als ich an unsere Verantwortlichkeit gegenüber unseren Nachfahren dachte und mich fragte, ob das Beste, das wir für sie tun können, gleichbedeutend mit dem Besten sei, das wir jetzt tun können, und so fand ich mich erneut bei der anfänglichen Frage nach der Kunst heute und was jetzt zu tun sei.

Nachdem ich trotz aller Mühe nur an den Anfang zurückgelangt war, hatte ich das Gefühl, auf den letzten mir erreichbaren Grund hinabgestiegen zu sein, das heißt zu einem Anfangen, das so wirklich war, wie ich es bei dieser Gelegenheit nur erreichen konnte. Ich muß nicht ungebührlich darunter leiden, daß ich unfähig war, mehr bei dieser Gelegenheit zu sagen, als ich fertigbrachte, denn der Anfang, den ich gemacht habe, geht über sich selbst hinaus und wirkt ein auf mein Leben und auf Deines, wer Du auch sein magst.

Dritter Zugang
Ein soziologischer Zugang zur Geschichte der Soziologie

1. Hingebung-und-Begriff und Soziologie

Der Anfang, den ich gefunden habe, kann als Begriff (*conceptio*) oder Fang (*captura*, *catch*)[1] meiner Hingebung an die Frage »Kunst – heute?« angesehen werden. Von ihm ausgehend könnte weiteres Denken seinen Anfang nehmen.

Aber seit ich »Kunst – heute?« schrieb (eine erste Fassung entstand bereits in den frühen siebziger Jahren), habe ich nicht so sehr über Kunst wie über Hingebung-und-Begriff und Soziologie nachgedacht, und meine Gedanken über diese beiden Themen begannen sich wechselseitig zu beeinflussen. In diesem Buch jedoch ist der Einfluß von Hingebung-und-Begriff auf die Soziologie viel größer als der der Soziologie auf Hingebung-und-Begriff.

Dies zeigt sich auf folgende Weise: Die äußerste, noch gerade erträgliche Konzentration des Individuums, die Hingebung eben ausmacht, reichert die hier zu entwickelnde Soziologie mit der Rehabilitierung des menschlichen Subjekts an, nicht nur, um den antihumanen Elementen der industriellen und »nachindustriellen« Gesellschaft zu begegnen, sondern – ganz abgesehen davon – einfach um des Individuums willen. Sie feiert es als die Quelle der zukünftigen Menschheit, falls es denn eine solche geben soll. Diese Soziologie stützt sich auf diejenigen Merkmale des Menschen, die ausschließlich menschlich sind: auf den menschlichen Geist und all seine Äußerungsformen, als da sind beispielsweise Philosophie, Dichtung, Kunst, Religion, Sprache und andere Arten der Symbolik sowie alle damit verbundenen Gefühle. Im Brennpunkt dieser Soziologie stehen die Beziehungen zwischen diesen ausschließlich menschlichen Eigenschaften

1 Zur Begrifflichkeit »Hingebung und Begriff« vgl. Kurt H. Wolff, *Hingebung und Begriff*, Neuwied und Berlin 1978, insbesondere S. 153 f., sowie ders., *Surrender and Catch: Experience and Inquiry Today*, Dordrecht und Boston 1976, besonders S. 20-22.

und den Eigenschaften der Gesellschaft, in die sie eingebettet sind. Gesellschaften und ihre Eigenschaften, zu denen schließlich auch die Menschen selbst zählen, sind Mischwesen in dem Sinne, als sie sowohl ausschließlich menschliche Züge wie auch solche tragen, die diese mit Tieren, Pflanzen und sogar Unorganischem gemeinsam haben. So gibt es Unterschiede in der Körperstärke auch bei nichtmenschlichen Tieren und Pflanzen, aber nur beim Menschen finden sie kulturell vermittelten Ausdruck – abgesehen von Situationen, in denen der Mensch »zur Bestie wird«. Da die Kultur jedoch mit der Natur auskommen muß – mit dem biologischen Organismus, der Erde und ihrer Atmosphäre –, ist die Kultur selbst ein Mischwesen. Die hier ins Auge gefaßte Soziologie steht nicht im Dienste gesellschaftlicher Kräfte wie etwa der Macht, des Geldes und vieler Formen der Technik, die auch unter nichtmenschlichen Tieren vorkommen.

Ein zweites Kennzeichen der hier Konturen gewinnenden Soziologie besteht darin, daß sie die Reaktion auf eine Zeit ist, die sie als Bedrohung der Menschheit und der Welt und insofern als historisch beispiellos diagnostiziert und in der sie das Überleben der Menschheit mitsamt der Erde dem Individuum anvertraut; sie traut nur und nichts anderem als dem Individuum, wenn es um Überleben und Humanisierung geht. Diese Soziologie basiert darauf, daß das Individuum *in der Hingebung* gleichzeitig sowohl es selbst, das heißt einmalig, wie auch die Menschheit vertretend, das heißt universal ist.

2. Max Weber und seine Gesellschaft

Die Hingabe, die die Form der Berufung annimmt, wird auch in Max Webers berühmter Rede »Wissenschaft als Beruf« thematisiert, einer Rede, die sich als symptomatisch, ja als prophetisch erwiesen hat. Max Weber sagt hier:

»Und wer also nicht die Fähigkeit besitzt, sich einmal sozusagen Scheuklappen anzuziehen und sich hineinzusteigern in die Vorstellung, daß das Schicksal seiner Seele davon abhängt: ob er diese, gerade diese Konjektur an dieser Stelle dieser Handschrift richtig macht, der bleibe der Wissenschaft nur ja fern. Niemals wird er in sich das durchmachen, was man das ›Erlebnis‹ der Wissenschaft nennen kann. Ohne diesen seltsamen, von jedem Draußenstehenden belächelten Rausch, diese Leidenschaft, dieses: ›Jahrtausende mußten vergehen, ehe du ins Leben tratest, und andere Jahrtausende warten schweigend‹: – darauf ob dir diese Konjektur gelingt, hat einer den Beruf zur Wissenschaft *nicht* und tue etwas anderes. Denn nichts ist für den Menschen als Menschen etwas wert, was er nicht mit *Leidenschaft* tun *kann*.«[2]

Max Weber war bekanntlich auch davon überzeugt, daß die Wissenschaft – einschließlich der Sozialwissenschaft – uns nicht lehren kann, wie wir leben sollen. Diese Auffassung spiegelt einen wichtigen Zug der Gesellschaft wider, in der Weber sprach. In dieser Rede, die Weber 1918 vor Studenten, die von der Niederlage und dem Elend ihres Landes erschüttert und verwirrt waren, gehalten hat, wird die Schwächung, wenn nicht die Abwesenheit einer verinnerlichten moralischen Ordnung deutlich. Max Weber weist darauf hin, als er davon spricht,

»daß manche moderne Intellektuelle das Bedürfnis haben, sich in ihrer Seele sozusagen mit garantiert echten, alten Sachen auszumöblieren und sich dabei dann noch daran erinnern, daß dazu auch die Religion gehört hat, die sie nun einmal nicht haben, für die sie nun aber eine Art von spielerisch mit Heiligenbildchen aus aller Herren Länder möblierter Hauskapelle als Ersatz sich aufputzen oder ein Surrogat schaffen in allerhand Arten des Erlebens, denen sie die Würde mystischen Heiligkeitsbesitzes zuschreiben und mit dem sie – auf dem Büchermarkt hausieren gehen. Das ist einfach: Schwindel oder Selbstbetrug.«[3]

In Wirklichkeit kann nur der »Dämon«, »der *seines* Lebens Fäden hält«[4], dem Individuum sagen, wie es leben und was es tun soll. Max Weber hielt es aber nicht für nötig, seinen Zuhörern mehr über diesen Dämon zu sagen. Er lehrt nicht, wie wir ihn von individuellem Geschmack, Vorzug oder Laune unterscheiden können. Er hätte wahrscheinlich seinen Ohren nicht getraut, wenn er diese Beobachtung oder diesen Vorwurf gehört hätte. Er muß es für selbstverständlich gehalten haben, daß jeder den Unterschied zwischen Gesinnungsethik und Fanatismus, zwischen Verantwortungsethik und Opportunismus kannte, im Innersten kannte. In seiner ebenso außerordentlichen Rede »Politik als Beruf«, die er ebenfalls im Jahre 1918 hielt, erklärt er: »Nicht daß Gesinnungsethik mit Verantwortungslosigkeit und Verantwor-

2 Max Weber, »Wissenschaft als Beruf« (1919), in: ders., *Gesammelte Aufsätze zur Wissenschaftslehre*, Tübingen 1922, S. 531.
3 Ebd., S. 553.
4 Ebd., S. 555 (am Schluß des Vortrags).

tungsethik mit Gesinnungslosigkeit identisch wäre. Davon ist natürlich keine Rede.«[5] Und an anderer Stelle:

»Während es unermeßlich erschütternd ist, wenn ein *reifer* Mensch – einerlei ob alt oder jung an Jahren –, der diese Verantwortung für die Folgen real und mit voller Seele empfindet und verantwortungsethisch handelt, an irgendeinem Punkte sagt: ›Ich kann nicht anders, hier stehe ich‹. Das ist etwas, was menschlich echt ist und ergreift. Denn diese Lage muß freilich für *jeden* von uns, der nicht innerlich tot ist, irgendwann eintreten *können*. Insofern sind Gesinnungsethik und Verantwortungsethik nicht absolute Gegensätze, sondern Ergänzungen, die zusammen erst den echten Menschen ausmachen [...].«[6]

Max Weber scheint keinerlei Befürchtung gehegt zu haben, daß viele den Unterschied zwischen Dämon und Geschmack, Gesinnungsethik und Fanatismus, Verantwortungsethik und Opportunismus vielleicht doch nicht kennen könnten – wie es sich einige Jahre später mit dem Auftauchen Adolf Hitlers herausstellen sollte, eines gigantischen Fanatikers und gigantischen Opportunisten, der in seinem Fanatismus und Opportunismus Millionen Menschen erst verführte und dann umbrachte.

Daß Max Weber sich dessen nicht bewußt war, wie entscheidend es gewesen wäre, diese Unterschiede seinen Hörern so klar wie nur irgend möglich zu machen, spiegelte nur wider, daß diese Unterschiede zu jener Zeit ihre analytische und moralische Bedeutung verloren hatten. Es war die zunehmend vergötterte Wissenschaft, der die Autorität des moralischen Urteils zugeschrieben wurde. Zugleich gab es aber auch eine wachsende Anzahl von Individuen, die von der Wissenschaft enttäuscht waren, und sei es nur, weil sie an ihrer Vergötterung nicht mit gutem Gewissen teilnehmen konnten, die aber nicht Max Webers »Dämon« oder eine andere moralische Verpflichtung hatten und die deshalb andere Wege der Rettung suchten, wie etwa »in die weit und erbarmend geöffneten Arme der alten Kirchen«[7] zu flüchten oder auch zu Gurus, Kulten, in den Wahnsinn oder den Selbstmord.

5 Max Weber, »Politik als Beruf« (1918), in: ders., *Gesammelte Politische Schriften*, München 1921, S. 441.
6 Ebd., S. 448 f.
7 Max Weber, »Wissenschaft als Beruf«, a.a.O., S. 554.

3. Kontinuität

In den hier angestellten Betrachtungen zu Max Weber treffen die Person des Soziologen und die Gesellschaft, in der er lebte, zusammen. Während die herkömmliche Soziologiegeschichte nach wie vor im wesentlichen eine Ideengeschichte ist, geht es mir hier um etwas anderes. Es geht um die Verpflichtung zu einer guten Gesellschaft – das ist für mich das Wesen einer *soziologischen* Geschichte der Soziologie.

Es gilt dabei, jeden der beiden Termini, Verpflichtung und gute Gesellschaft, besonders zu betonen. Gemeinsam stecken sie den Rahmen dafür ab, daß der Begriff der normativen Gesellschaft im Zentrum dieses soziologischen Zugangs zur Geschichte der Soziologie steht. Der Ausdruck »normativ« impliziert eine *affektive* Haltung gegenüber der Gesellschaft und liefert zugleich ein Kriterium für das *Urteil* über existierende oder vergangene Gesellschaften.

Ich habe Weber als einen Kritiker seiner Gesellschaft interpretiert, wobei ich die Erfahrungen mit meiner eigenen Gesellschaft bei meiner Lektüre immer wieder dagegenhielt, um so etwas über die Kontinuität zwischen diesen beiden Gesellschaften zu lernen – letztlich handelt es sich ja um zwei Phasen ein und derselben Gesellschaft. Das hermeneutische Verfahren, das hier auf einen kleinen Ausschnitt aus dem Werk eines einzelnen Soziologen angewandt wurde, läßt sich ebensogut auf jede andere Epoche in der Geschichte der Soziologie anwenden, auf das Gebiet als ganzes, auf Strömungen innerhalb der Soziologie – ja auf jede menschliche Erscheinung wie Sitten, Gefühle, Haltungen und Erzeugnisse.

Es ist ein hermeneutisches Verfahren, das eine dreifache Kontinuität zwischen dem zu Interpretierenden und dem Interpreten impliziert. Zunächst beruht das Verfahren auf der Überzeugung, daß die Welt des Interpretandums in die des Interpreten übersetzt werden kann. Bei der zweiten Kontinuität handelt es sich um eine ganz andere: um die Kontinuität innerhalb der Soziologie selbst. Denn die Soziologie begann mit dem Zentralbegriff einer normativen Gesellschaft, der unvermeidlich affektgeladen war und als Kriterium diente, um Gesellschaften jeglicher Art zu bewerten – zumeist legten die soziologischen Theoretiker dieses Kriterium an die eigene Gesellschaft an, man denke nur an zwei ansonsten so grundverschiedene Denker wie Comte und Marx; im Grunde läßt sich diese Vorgehensweise bei den meisten Soziologen bis in die ersten Jahrzehnte unseres Jahrhunderts beobachten, grob gesprochen bis hin zu Max Webers Charakterisierung der Soziologie als »wertfrei«.

Aber heute ist eine dritte Kontinuität sogar noch wichtiger, diejenige nämlich, die nicht nur Soziologen, sondern alle Menschen guten Willens vereint: Ich spreche von dem unbeugsamen Willen zu einer guten Gesellschaft. Er kann uns vereinen in dem Bestreben, am Leben zu bleiben. Denn unsere Zeit ist durch einen *Mangel* an Kontinuität gekennzeichnet, durch die absolut neue Möglichkeit unserer Selbstvernichtung und der Vernichtung unserer Wohnstätte, der Erde. Im Hinblick auf die Soziologie selbst bleibt nur zu hoffen, daß es sich beim Hinweis auf diese Kontinuitäten nicht nur um das sprichwörtliche Pfeifen im Dunkeln handelt.

Vierter Zugang
Schelers langer Schatten

Eine Geschichte der Soziologie, die – wie hier – im Dienste der guten Gesellschaft stehen soll, bedeutet, daß man sich einem Ideal verpflichtet, das man nur anstreben, aber niemals erreichen kann. Ob ein Soziologe sich in dieser Weise verpflichtet fühlt, läßt sich an dem erkennen, was er befürwortet, wie auch an dem, was er vernachlässigt.

So befürwortet Max Weber, wie wir gesehen haben, den echten Menschen, das wirklich moralische Individuum, das sowohl verantwortungsbewußt als auch einem Prinzip gemäß handelt. Daraus dürfte folgen, daß eine Gesellschaft, die aus derartigen echten Menschen bestünde, eine gute Gesellschaft wäre.

Andererseits vernachlässigte Weber eine historisch adäquate Formulierung der beiden Ethiken, die sich im echten, wirklich moralischen Menschen vereinen: Er sah nicht, daß die Gesellschaft, in der er seine Gedanken vom guten Menschen äußerte, seine Überzeugung von einem guten Menschen und einer guten Gesellschaft nicht teilte. So erklärte Weber seine Ideen nicht genügend oder versäumte es, sie aufgrund einer realistischeren Beurteilung dieser Gesellschaft zu ändern. Eine solche Beziehung zwischen einem Soziologen und seiner Gesellschaft herauszuarbeiten ist ein Ziel der hier beabsichtigten Soziologiegeschichte.

Wir werden nun der Frage nachgehen, inwiefern sich eine solche Auffassung von der Geschichte der Soziologie bzw. von der Soziologie überhaupt auf andere Soziologen – Max Scheler, Alfred Schütz, Karl Mannheim und Emile Durkheim – anwenden läßt.

1. Scheler über den Pragmatismus

Ich beginne mit Scheler, genauer gesagt mit seiner Abhandlung »Erkenntnis und Arbeit. Eine Studie über Wert und Grenzen des pragmatischen Motivs in der Erkenntnis der Welt« aus dem Jahre 1926.[1] Aufgrund des Untertitels könnte man erwarten, daß Sche-

1 Max Scheler, »Erkenntnis und Arbeit. Eine Studie über Wert und

ler sowohl das pragmatische Motiv in der Erkenntnis als auch die pragmatische Komponente der Erkenntnis behandeln, das heißt sowohl eine psychologische als auch eine phänomenologische Untersuchung vornehmen werde. Was er statt dessen unternimmt, wird in den folgenden Hauptteilen der Studie angedeutet – aber auch nicht mehr als das: 1. Das Problem, 2. Wesen und Sinn von Wissen und Erkenntnis – Die Arten des Wissens (jeder dieser beiden Abschnitte umfaßt ungefähr zehn Seiten), 3. Der philosophische Pragmatismus (etwa 50 Seiten), 4. Der methodische Pragmatismus (etwa 20 Seiten), 5. Zur Philosophie der Wahrnehmung (der längste Abschnitt, fast 80 Seiten), 6. Metaphysik der Wahrnehmung und das Problem der Realität (20 Seiten), und zuletzt eine ganz kurze »Wissenssoziologische Schlußbetrachtung« (vier Seiten).

Ich erwähne diese Einteilung nur, um einen Eindruck von den diskutierten Themen zu vermitteln. Ich werde nicht versuchen, alles aufzuführen, geschweige denn zu prüfen, was Scheler flüchtig oder auch eingehend behandelt. Es handelt sich um einen außerordentlich reichhaltigen Aufsatz, der in seiner Ergiebigkeit und Atemlosigkeit charakteristisch für Scheler ist.

Scheler beginnt seine Abhandlung wie folgt:

»Das Pathos, das der moderne Mensch mit dem Namen der ›*Arbeit*‹ verbindet, das um so intensiver wurde, je mehr er sich von den geistigen Traditionen der Antike und des Christentums losrang und sich aus seinen eigenen Lebens- und Daseinsvoraussetzungen ein Weltbild und ein Ethos zu schaffen suchte – jenes Pathos, das in den Worten des Kommunistischen Manifestes von der Arbeit als ›einziger Schöpferin aller Bildung und Kultur‹ nur seinen schärfsten Ausdruck fand –, ist auch auf die *philosophische Auffassung der Erkenntnis,* ja des *Wesens des Menschen selbst,* nicht ohne tiefgreifenden Einfluß geblieben. Die große Gedankenbewegung des ›Pragmatismus‹ in Erkenntnislehre wie Metaphysik ist dafür der beste Beweis. Ist der Mensch selber ›*homo rationalis*‹, und

Grenzen des pragmatischen Motivs in der Erkenntnis der Welt«, in: ders., *Die Wissensformen und die Gesellschaft* (1926), zweite durchgesehene Auflage mit Zusätzen hg. von Maria Scheler (*Gesammelte Werke*, Bd. 8), Bern und München 1960, S. 191-382. Im folgenden beziehen sich die Ziffern in Klammern auf die Seitenzahlen in diesem Werk. – Merkwürdigerweise hat Hannah Arendt in ihrem diesem Werk so nahverwandten Buch *The Human Condition,* Chicago 1958, Scheler nicht einmal erwähnt.

nicht vielmehr ›*homo faber*‹? – das ist die einschneidende Frage, die man zu stellen wagte« (S. 193).

Wolle man systematisch vorgehen, schreibt Scheler, so müßte man das Problem der Beziehung zwischen Erkenntnis und Arbeit auf fünferlei Weise erforschen. Zunächst sei da der geschichtliche und zugleich soziologische Zugang, der im einzelnen zeige, wie sich die Zusammenarbeit von Technik und Wissenschaft entwickelte. Eine zweite Perspektive sei erkenntnistheoretischer Art; sie »hat die pragmatische Philosophie von James bis Nietzsche, von Bergson und Vaihinger« (S. 198) hervorgebracht; diese Perspektive wird auch bei Scheler selbst die vorherrschende sein. Obgleich er sich kaum mit der dritten befaßt, verdient diese doch zitiert zu werden, weil sie von besonderer Bedeutung ist und weil sie Schelers Weitblick zeigt:

»Unser Problem ist ferner ein *entwicklungsphysiologisches und -psychologisches* Problem, und zwar in mehrfachem Sinne. D. h. es ist für die vielfache Entfaltungsrichtung des Lebendigen, für die psychischen Leistungsfähigkeiten verschiedener Arten der Tiere im Verhältnis zueinander und im Verhältnis zum Menschen, für die Entwicklungsrichtung des Wissens des Primitiven zum zivilisierten Kulturmenschen, für die Entfaltung des Kindes zum Erwachsenen, und endlich für die Wissensentwicklung des historischen Menschen je gesondert die Frage zu stellen, ob und inwieweit Bedingungszusammenhänge zwischen dem *triebhaften* und *motorischen* Verhalten des Organismus *und* der Ausbildung des *Umweltbildes* (resp. der beim Menschen geregelten Arbeit und deren Formen zu den Formen des Wissens) bestehen, resp. zur Ausbildung *der* Organe und Funktionen (physiologischer und psychischer) führen, die je zur Erweiterung des Weltbildes in den mannigfachen Hinsichten z. B. der sinnlichen und gedächtnismäßigen Tätigkeit notwendig sind« (S. 199).

Ein vierter Zugang zur Beziehung zwischen Erkenntnis und Arbeit faßt die Physiologie und Psychologie der Arbeit ins Auge, einschließlich ihrer pathologischen Formen wie der Amnesie und der visuellen Amnesie. Fünftens behandelt Scheler die pädagogische Relevanz des Problems, zum Beispiel im Hinblick auf die Diskussion von »Arbeitsschule« und »Bildungsschule« (S. 199).

2. Wissen

Der ausschlaggebende Irrtum des Pragmatismus besteht darin, daß er *eine* Art von Wissen für Wissen als solches hält. Er sieht nicht, daß Wissen eine Seins- oder existentielle Beziehung ist, die nicht durch Begriffe, die »Wissen« voraussetzen, definiert werden darf. Genauer: »Wissen ist ein *Seinsverhältnis* – und zwar ein Seinsverhältnis, das die Seinsformen Ganzes und Teil voraussetzt. Es ist das Verhältnis des *Teilhabens* eines Seienden am *Sosein* eines anderen Seienden, durch das in diesem Soseienden keinerlei Veränderung mitgesetzt wird« (S. 203; siehe auch S. 227, S. 251).

Da Wissen Teilhabe ist, kann es nicht Wissen dienen, sondern nur einem Werden, einem Anderswerden; und je nach dem Ziel des Werdens gibt es drei Wissensarten: 1. das Werden des Wissenden – »*Bildungswissen*«; 2. das Werden »der *Welt*« und »um der Gottheit willen« – »*Erlösungswissen*«; und 3. das »der praktischen *Beherrschung* und Umbildung der Welt für unsere menschlichen Ziele und Zwecke – jenes Wissen, das der Pragmatismus sehr einseitig, ja ausschließlich im Auge hat – das ist das Wissen der positiven ›Wissenschaft‹, das ›*Herrschafts-*‹ *oder* ›*Leistungswissen*‹« (S. 205).

Diese drei Wissensarten befinden sich in einer hierarchischen Ordnung: an oberster Stelle steht das Erlösungswissen, dem das Bildungswissen und endlich das Herrschaftswissen folgen (S. 205).[2]

Der Pragmatismus »verfälscht« jedoch nicht nur »die Idee des Wissens«, er ignoriert auch den Grundunterschied zwischen

2 An anderer Stelle leitet Scheler die drei Wissensarten nicht nach dem Werdensziel, sondern nach dem Ursprung ab: Der Wunsch, sein Sein zu retten, führt zu religiösem Wissen, die Verwunderung führt zu metaphysischem Wissen, die »Arbeit an der Welt« und der Wunsch, die Welt zu beherrschen, führen zu Herrschaftswissen; vgl. Max Scheler, »Probleme einer Soziologie des Wissens« (1924), in: ders., *Die Wissensformen und die Gesellschaft*, a.a.O., S. 65 f.
Was die Beziehung zwischen den zwei Triaden der Wissensformen anbelangt, so verwendet Scheler die Begriffe synonym: »[...] religiöses, metaphysisches und positives Wissen, oder wie wir auch sagen können: Heils- resp. Erlösungswissen, Bildungswissen, und Leistungs- resp. Naturbeherrschungswissen [...]. « Ders., »Probleme einer Soziologie des Wissens«, a.a.O., S. 29.

»Wesenswissen« und *»Zufällige-Tatsachen-Wissen«* oder zwischen »Aprioriwissen« und »Aposterioriwissen« (S. 232). Eine Vermittlung zwischen diesen beiden Wissensarten erfolgt durch »Funktionalisierung« (S. 198, 232). Den Begriff der Funktionalisierung hatte Scheler ein paar Jahre zuvor in seiner Arbeit *Vom Ewigen im Menschen* entwickelt[3]:

»*Die Wesenserkenntnis funktionalisiert sich zu einem Gesetz der bloßen ›Anwendung‹ des auf die zufälligen Tatsachen gerichteten Verstandes,* der die zufällige Tatsachenwelt ›nach‹ Wesenszusammenhängen *bestimmt, auffaßt, zerlegt, anschaut, beurteilt.* [...] Wo immer wir z. B. schließen *nach* einem Schlußgesetz, ohne ›aus‹ ihm zu schließen, einer ästhetischen Regel gehorchen (wie der schaffende Künstler), ohne auch nur im entferntesten diese Regel selbst in der Weise eines formulierten Satzes im Geiste zu haben, treten Wesenseinsichten ›in Funktion‹ – ohne daß sie selbst dabei explicite dem Geiste vor Augen standen. Nur an dem Erlebnis der Unrichtigkeit, der Abweichung von einem Gesetz, das wir dabei nicht bewußt als Gesetz im Geiste haben, kommt es uns dann zum dämmernden Bewußtsein, daß uns eine Einsicht führte und leitete; wie es z. B. auch stattfindet bei allen Gewissensregungen, die mehr Einspruch erheben gegen Falsches als daß sie aus sich heraus das Gute aufwiesen – hinter denen aber doch eine *positive* Einsicht in das Gute und in ein positives Ideal unseres individuellen und allgemein menschlichen Lebens steht. Indem Wesenseinsichten sich also ›funktionalisieren‹, findet eine *Art wahren Wachstums des menschlichen Geistes* sowohl im Einzelleben als im Laufe der Geschichte (durch die Vermittlung nicht der Vererbung, sondern der Tradition) statt, das von allen bloß durch Einwirkung auf den menschlichen Organismus und seine Sinneszonen erworbenen und etwa vererbten Fähigkeiten, ferner von aller bloß psychologisch-verständlichen Genese (nach Assoziationsgesetzen, Übungsgesetzen, psychischen Vitalgesetzen) *wesensverschieden ist. Ein Werden und Wachsen* der Vernunft selbst, d. h. ihres Besitztums an apriorischen Auswahl- und Funktionsgesetzen, wird uns durch die *Funktionalisierung der Wesenseinsicht* verständlich.«[4]

Diese »Funktionalisierung« steht in vermutlich wahlverwandtschaftlicher, sicher aber verwandtschaftlicher Beziehung zu He-

3 Vgl. dazu auch Manfred S. Frings, »Einleitung des Herausgebers«, in: Max Scheler, *Erkenntnis und Arbeit*, hg. von Maria Scheler, Frankfurt am Main 1977, S. VII-XXI, besonders S. XVI.

4 Max Scheler, *Vom Ewigen im Menschen*, Bd. 1: *Religiöse Erneuerung*, Leipzig 1921 (»Probleme der Religion« [Zur religiösen Erneuerung]) (1918?), (»II. Die Wesensphänomenologie der Religion, 4. Wachstum und Abnahme der natürlichen Gotteserkenntnis«), S. 445-447.

gels »List der Vernunft«. Jedenfalls ist Schelers Betonung des Wesens-, Erlösungs-, Bildungs- oder metaphysischen Wissens sehr emotional. Die Tatsache, daß der Pragmatismus sich auf Herrschaftswissen beschränkt, bedeutet beispielsweise, daß »er nicht nur auf alles Wesenswissen, sondern auch auf Wissen von *absoluter Realität,* d. h. auf metaphysisches und religiöses Wissen verzichtet. Denn gewiß ist, daß die absolute Realität, wenn überhaupt veränderbar, nur *durch sich selbst* veränderbar sein kann und nicht durch Wesen, die sie selbst erst ins Dasein gesetzt und deren Sosein sie bestimmt hat – die also ausschließlich von *ihr* abhängen. Nur soweit die Persönlichkeit *selbst* eine *Funktion des göttlichen Geistes* wäre, könnte sich der göttliche Geist durch sie, d. h. sich selbst durch sie verändern, z. B. wachsen, erlösen – so er erlösungsbedürftig ist« (S. 233).

3. Relativismus und das Absolute

Hier kündigt sich eine Sehnsucht nach Gnade an, ähnlich der nach absolutem Wissen inmitten des Relativismus, wie sie der folgende Passus aus der Abhandlung »Probleme einer Soziologie des Wissens« zeigt:

»Einem philosophischen *Relativismus* [...] entgehen wir also trotz unserer Annahme einer Vielheit von Vernunftorganisationen [...] dadurch, daß wir [...] das der Wesensidee des Menschen entsprechende *absolute Ideen- und Wertreich* ganz gewaltig viel höher über alle *faktischen* bisherigen Wertsysteme der Geschichte gleichsam aufhängen [...]«[5]

Scheler »*hängt*« den Logos »gewaltig viel höher« auf und rettet ihn so vor Relativismus oder Relativierung. Wie er im vorhergehenden Zitat die absolute Wirklichkeit vor Veränderung bewahrte, so bewahrt er hier den Geist, indem er ihn außer Reichweite verlegt, aber »aufhängen« und »gewaltig viel höher« legen Rettung durch Umbringen nahe[6] – so wie in Vietnam Dörfer »befreit« wurden, indem man sie zerstörte. Schelers Haltung ist noch immer die unsrige oder kann zumindest unter uns anzutreffen sein; vielleicht war er sogar seiner Zeit voraus.

Sein Verhältnis zum Absoluten erschöpft sich jedoch nicht in

5 Max Scheler, »Probleme einer Soziologie des Wissens«, a.a.O., S. 26.
6 Noch immer bin ich Rainer E. Koehne dafür dankbar, daß er mich vor vielen Jahren auf diese Doppeldeutigkeit aufmerksam gemacht hat.

dieser sowohl erkenntnistheoretisch wie auch emotional unbesorgten Leidenschaft. Das zeigt sich in seiner Behauptung, daß nur Wesenswissen »der erste und unmittelbare Träger des Prädikates ›*evident*‹« sei (S. 231). Dies erinnert an Georg Simmels gelassene, ja ironische Feststellung: »Alles was man beweisen kann, kann man auch bestreiten. Unbestreitbar ist nur das Unbeweisbare.«[7]

Schelers Position drückt sich somit nicht nur in seiner Klassifikation von Wissensarten aus, sondern auch in seiner Behauptung, daß – während Arbeit uns mit der »zufälligen Bilderwelt«[8] und deren Gesetzen bekannt macht – der Mensch die Möglichkeit auch einer ganz anderen Wissensweise hat, nämlich durch die

> »*Aufhebung* der *praktischen* Haltung [...] nach *zwei* anderen Richtungen zu spähen: Einmal nach dem Reich der *Wesenheiten*, d. h. den Urphänomenen und Ideen, für die diese Bilder nur ›Beispiele‹ und mehr oder minder gute ›Exemplare‹ sind – ein andermal nach dem *Strom der Triebe, Dränge, Kräfte*, die sich in diesen ›Bildern‹ nur manifestieren. *Nicht die ›Arbeit‹* an der Welt führt zu solchen Erkenntnismöglichkeiten: Zur ersten führt *Verwunderung, Demut und geistige Liebe zum Wesenhaften*, gewonnen durch eine *phänomenologische Reduktion des Daseienden;* zur zweiten führt *dionysische Hingabe* in *Einsfühlung* und Einswerdung mit dem *Drange*, dessen Teil auch all *unser* Drängen, Wünschen und Treiben ist.
> Erst in der größten *Spannung* zwischen beiden Haltungen und erst durch *Überwindung* dieser Spannung in der *Einheit der Person* aber wird die eigentliche *philosophische Erkenntnis* geboren« (S. 362).

4. Realität und Wissenschaft

Dies ist der Kern von Schelers »philosophischer Anthropologie«[9], der Kern seines Begriffs der Persönlichkeit und gleichzeitig seines Selbstbildes. Er ist jemand, wie er an anderer Stelle

7 Georg Simmel, »Aus dem nachgelassenen Tagebuche« (*Logos* 8 [1919/20], S. 121-151), abgedruckt in: ders., *Fragmente und Aufsätze aus dem Nachlaß und Veröffentlichungen der letzten Jahre*, hg. von Gertrud Kantorowicz, München 1923, S. 4.

8 Vgl. zum Thema »Bilder« Max Schelers »Erkenntnis und Arbeit«, a.a.O., S. 287.

9 Scheler bezog sich oft auf sein in Arbeit befindliches Hauptwerk über philosophische Anthropologie, brachte es aber nicht über die im Jahre

schreibt[10], der eine »Rhapsodie« komponiert und der sowohl seinem Geist als auch seinen Instinkten gerecht werden möchte.[11] Mit einer solchen Überzeugung von der Möglichkeit oder doch zumindest der unleugbaren Lockung und Herausforderung vom »Wesenswissen« (und Erlösungswissen) her kann Scheler es gleichsam zulassen, und zwar einmal hypothetisch, ein andermal mit Gewißheit, daß das Wesen der Wirklichkeit selbst der Widerstand ist. Hypothetisch:

»Sollte sich [...] bei der Untersuchung dieser Frage [*nach dem Wesen der »Realität«*; d. Verf.] zeigen, daß *Realsein* selbst nur *im Widerstande ursprünglich gegeben* ist, in dem sich irgendwelche inneren und äußeren Sachkomplexe selbst gegen unsere Strebens-(Trieb- und Willens-)Impulse behaupten, – daß überhaupt nicht das rein theoretische Wissensverhältnis zur Natur, sondern nur unser Kampf- und *Herrschaftsverhältnis* zu ihr das *ursprüngliche Realerlebnis* und Wirkerlebnis der Dinge vermittelt, so wäre das pragmatisch bedingte Wissen um Natur in einem *Urphänomen* der Weltontik *wohlfundiert*« (S. 281).

Und mit Gewißheit:

»Denkt euch Stück für Stück den ganzen Gehalt der natürlichen Weltanschauung[12] abgebaut, lasset alle Farben verbleichen, alle Töne verhal-

seines Todes erschienene Skizze *Die Stellung des Menschen im Kosmos,* Darmstadt 1928, hinaus. Vgl. Hans-Georg Gadamer, »Max Scheler – der Verschwender« (1974), in: *Max Scheler im Gegenwartsgeschehen der Philosophie*, hg. von Paul Good, Bern 1977, S. 11-18, besonders S. 17 f. Vieles andere in diesem Bande ist lesenswert.

10 Vgl. dazu seine »Probleme einer Soziologie des Wissens«, a.a.O., S. 17 (dort freilich nur in bezug auf jenen Aufsatz).

11 Dies ist gewissermaßen »funktionalisiert« in seine Theorie der Real- und Ideal-Faktoren, seine (nicht von ihm erfundene) Unterscheidung zwischen Real- und Kultursoziologie und seine Verbindung einer Theorie menschlicher Triebe mit ersterer und einer Theorie des menschlichen Geistes mit letzterer; vgl. ebd., besonders S. 18-23.

12 »[...] die *absolut natürliche Weltanschauung* beziehungsweise natürliche Selbst- oder Gottesanschauung [...] ist eine historisch-soziologisch unveränderliche *›Konstante‹*, die sich freilich erst ergibt durch ein (schwieriges) Abschälen der in jeder konkreten Gruppenweltanschauung immer in sie hineingewebten ›echten‹ und ›lebendigen‹ *Traditionen*«, schreibt Max Scheler in »Weltanschauungslehre, Soziologie und Weltanschauungssetzung« (1922), in: ders., *Schriften zur Soziologie und Weltanschauungslehre*, Bd. 1: *Moralia*, Leipzig 1923, S. 5. – Ein Jahr später ersetzte er diesen Begriff durch den der

len, Leibbewußtseinssphäre und ihren gesamten Inhalt verschwinden, Raum- und Zeitform und alle Seinsformen (Kategorien) der Dinge sich in ein unbestimmtes Sosein nivellieren – dann *bleibt* als das Nichtabbaubare ein einfacher, nicht weiter auflösbarer *Eindruck der Realität überhaupt:* der Eindruck eines gegen die spontane – sei es willkürliche, sei es unwillkürliche, sei es schon als Wollen oder nur als Triebimpuls charakterisierte – Tätigkeit, die unser Bewußthaben und -sein in dauerndem Vollzug unterhält, schlechthin ›*Widerständigen*‹. *Realsein ist nicht Gegenstandsein*, d. h. das identische Soseinskorrelat aller intellektiven Akte – es *ist vielmehr Widerstandsein* gegen die urquellende Spontaneität, die in Wollen, Aufmerken jeder Art ein und dieselbe ist« (S. 363).

Da die Realität Widerstand ist und somit das Bewußtsein transzendiert, ist die Wurzel der positiven Wissenschaft »Arbeit an der Welt«, nicht Kontemplation. »Insofern ist die *Realitätslehre* das Fundament *ebensowohl* aller *pragmatisch* bestimmten Wissensarten *als auch* des reinen und im ausgezeichneten Sinne *philosophischen* Wissens« (S. 282). Dabei darf jedoch nicht vergessen werden, daß es für Scheler drei Wissensarten gibt; für ihn besteht die Aufgabe einer Soziologie des Wissens in der Analyse der Beziehungen zwischen diesen sowie den sozialen Merkmalen und Strukturen.[13]

In der zur Diskussion stehenden Abhandlung aber ist seine Perspektive mehr historisch-diagnostisch als soziologisch. Er weist darauf hin, daß die großen Zivilisationen diese Wissensarten bisher »je einseitig entwickelt« haben: »[...] Indien das Erlösungswissen [...]; China und Griechenland das Bildungswissen; das Abendland seit dem Beginn des 12. Jahrhunderts das Arbeitswissen der positiven Fachwissenschaften« (S. 210). Aber jetzt ist

»die Weltstunde gekommen, da sich eine *Ausgleichung* und zugleich eine *Ergänzung* dieser einseitigen Richtungen des Geistes anbahnen muß. Unter dem Zeichen dieses Ausgleiches und dieser Ergänzung – *nicht* unter dem Zeichen einer einseitigen Verwerfung der einen Wissensart gegenüber der anderen und nicht einer ausschließenden Pflege des jedem Kulturkreise historisch ›Eigentümlichen‹ – wird die Zukunft der Geschichte menschlicher Kultur stehen« (S. 210).

»relativ natürlichen Weltanschauung«, das heißt alles dessen, was in einer gegebenen Gruppe zu einer gegebenen Zeit als selbstverständlich gilt; vgl. »Probleme einer Soziologie des Wissens«, a.a.O., S. 60 bis 63.

13 Vgl. ebd., S. 69-190.

Die ursprünglich in Griechenland angezündete Fackel der Wissenschaft wird von keiner Romantik, sei sie nun indisch oder christlich inspiriert, ausgelöscht werden, aber die Wissenschaft allein genügt dem Menschen nicht:

»Ja der Mensch könnte auch bei idealer Vollendung dieses positivwissenschaftlich-technischen Prozesses als Geistwesen noch absolut *leer* bleiben – er könnte bis zu einer Barbarei zurücksinken, im Verhältnis zu der alle sog. Naturvölker ›Hellenen‹ wären! Ja, da alles Arbeitswissen für mögliche Zwecke des Menschen als Vitalwesen dem Bildungswissen in letzter Linie zu *dienen* hat, das Werden und die Umgestaltung der Natur dem Werden des tiefsten Zentrums, das der Mensch besitzt, seiner *Person* und ihrer überschwenglichen transzendenten Bestimmung, (also auch alle echte Arbeitsschule der wahren Bildungsschulung zu dienen hat) – so wäre die wissenschaftlich-systematisch unterbaute Barbarei sogar die furchtbarste aller nur denkbaren Barbareien. Aber auch die ›humanistische‹ Idee des Bildungswissens, wie sie auf deutschem Boden Goethe am erhabensten selbst verkörperte, muß sich der Idee des Erlösungswissens ihrerseits noch unterordnen und in letzter Abzweckung ihr dienen. Denn alles Wissen ist in letzter Linie von der Gottheit und für die Gottheit« (S. 211).[14]

Wie wir gesehen haben, besteht die Technik zur Erlangung von Wesenswissen in der phänomenologischen Reduktion. Scheler modifiziert jedoch Husserl, indem er folgendes ausführt:

»Nur durch Ausschaltung der das Realitätsmoment gebenden Akte und psychischen Funktionen kann ja jenes *Absehen* von Realität eintreten, jenes Dahingestelltseinlassen und Einklammern des Realseins, das Husserl mit Recht als Vorbedingung aller Wesenserkenntnis ansieht – als der reinsten theoretischen Haltung überhaupt. Es bedarf also hier zweierlei: 1) einer *Technologie* der Wesenserkenntnis, 2) einer *Methodologie* der Wesenserkenntnis. Die Technologie aber [...] fordert nicht nur *Ausschaltung* der das Realitätsmoment gebenden Akte, sie fordert zugleich *Einschaltung* jener begierdefreien *Liebe* zu dem Sein und Wertsein aller Dinge, die das Herrschaftsverhältnis durch ein neues, *geistiges* Grundverhältnis zu der Welt ersetzt (amor intellectualis). Sie fordert zugleich die geist- und seelentechnische *Überleitung der Tätigkeitsenergie,* die

14 Vgl. dazu auch die bereits im ersten Zugang zitierte Formulierung bei Max Weber: »›Fachmenschen ohne Geist, Genußmenschen ohne Herz: dies Nichts bildet sich ein, eine nie vorher erreichte Stufe des Menschentums erstiegen zu haben.‹« Max Weber, »Die protestantische Ethik und der ›Geist‹ des Kapitalismus«, a.a.O., S. 204. Es ist kaum denkbar, daß Scheler diesen Passus nicht kannte!

im Herrschaftsverhältnis zur Natur verankert war, [...] in das *Liebesverhältnis* zur Natur, d. h. die oberste Bedingung jedes rein objektiven, der Sache selbst hingegebenen Verhaltens überhaupt, an erster Stelle des ›rein‹ theoretischen Verhaltens« (S. 282).[15]

5. Rückblick

Die vorangegangenen Seiten – das sei hier abschließend bemerkt – werden Schelers Geist, wie er in seiner Abhandlung zum Ausdruck kommt, nicht gerecht. »Erkenntnis und Arbeit« rast nur so dahin, drängt zusammen, ist aber gleichzeitig locker, voller Überraschungen und Rätsel, mit einem Wort: schwer. Scheler ist viel weniger diskursiv, als die angeführten Zitate nahelegen, er ist eher wie ein Sturzbach, noch dazu einer, der öfters seine Richtung wechselt; er macht es dem Kommentator nicht leicht.

Statt des Versuchs, ihm Gerechtigkeit widerfahren zu lassen, geht es mir um etwas Bescheideneres: Ich möchte mich darauf beschränken, eine geschichtliche Anmerkung und eine soziologische Beobachtung zu formulieren.

Im Jahre 1978 waren es fünfzig Jahre, seit Scheler gestorben war, und hundert, seit Charles Sanders Peirce seinen Aufsatz »How to Make Our Ideas Clear«[16] veröffentlicht hatte. Mit diesem Aufsatz, so berichtet Scheler (S. 212), wurde nach William

15 Verwandt mit dieser allgemeinen Ansicht von Wissenschaft, Philosophie und ihrer Situation zu Schelers (und weitgehend auch unserer) Zeit ist seine spezifische Kritik der »wertfreien« Wissenschaft und Max Webers Auffassung von ihr; vgl. Max Scheler, »Weltanschauungslehre, Soziologie und Weltanschauungssetzung«, a.a.O., S. 11, 12, 17 und ders., »Max Webers Ausschaltung der Philosophie (Zur Psychologie und Soziologie der nominalistischen Denkart)« (1921 oder 1922), in: ders., *Die Wissensformen und die Gesellschaft*, a.a.O., S. 430-438, sowie Maria Scheler, »Nachwort der Herausgeberin«, ebd., S. 481.
Zu Schelers Kritik der modernen Wissenschaft siehe William Leiss, *The Domination of Nature*, New York 1972, S. 88, und Kapitel 5, »Science and Domination«, besonders S. 103-119 (über Scheler).

16 Vgl. Charles Sanders Peirce, »How to Make Our Ideas Clear«, in: *Popular Science Monthly*, January 1878; deutsch: »Wie wir Ideen klar machen«, in: ders., *Die Festigung der Überzeugung und andere Schriften*, Frankfurt/Berlin/Wien 1985, S. 59-78.

James der Pragmatismus in die Philosophie eingeführt. Es war die Zeit der ersten Analysen von Industrialisierung und Kapitalismus, die fast ein halbes Jahrhundert später, als Scheler *seinen* Aufsatz schrieb, in Deutschland große Verbreitung gefunden und insgesamt an Präzision gewonnen hatten. Schelers Gegenwart, das war auch die Zeit nach dem Ersten Weltkrieg, die Zeit der *Dreigroschenoper* und des *Blauen Engels.* Scheler machte sich daran, Wissensformen, die fragwürdig geworden oder in Vergessenheit geraten waren, wieder ins Leben zu rufen. Er war sich der transhistorischen und transkulturellen Relevanz des pragmatischen Wissens bewußt, gründet dieses doch in der Beziehung des Menschen zu seiner Umwelt. Die Spannung zwischen seiner Bemühung und dieser Relevanz wird inzwischen – siebzig Jahre später – in viel weiteren Kreisen empfunden als damals. Denn jetzt gibt es (unter vielem anderen und schon seit Jahren) zum Beispiel das *Bulletin of the Atomic Scientists* als Reaktion auf die Atomwissenschaft, vor allem auf die Atombombe. Daneben tritt die drohende Erschöpfung der Bodenschätze und die Verschmutzung von Luft und Wasser – und womöglich als Veränderungsfaktor noch wichtiger: die noch unvorhersehbare Stellung des Westens, der in der unverhältnismäßig großen Wichtigkeit, die er der Pflege und Praxis des Herrschaftswissens beimißt, auch die Kunst, sein eigenes Grab zu graben, vervollkommnet hat. Scheler erkannte das lange vor den meisten Menschen heute, und seine leidenschaftliche und leidenschaftlich intelligente Warnung *kann* noch immer beachtet werden – und *muß* heute viel bestimmter beachtet werden als zu der Zeit, da er sie aussprach.

Fünfter Zugang
In die Welt von Alfred Schütz

Ähnlich wie Max Weber, so versuchte auch Scheler, den rechtmäßigen Ort der Wissenschaft zu bestimmen. Weber bestand darauf, daß die Wissenschaft uns nicht lehren kann, wie wir leben sollen; bei Scheler deutet alles darauf hin, daß er das Wesenswissen dafür in Anspruch nimmt. Webers Begriff der Wissenschaft erscheint angemessener, Schelers polemischer. Beide warnten vor einem blinden Vertrauen in die Wissenschaft; Scheler allerdings setzte seinerseits sehr viel mehr auf die Religion, als Weber dies tat.

Es ist offensichtlich, daß beide um ihre Zeit und ihre Gesellschaft besorgt waren, doch scheint weder der eine noch der andere den »Untergang des Abendlandes« ernst genommen zu haben, obwohl sie das so betitelte Buch wie auch dessen Autor, Oswald Spengler, kannten. In ihrer Kritik an Spenglers »Dilettantismus« entging ihnen die Wahrheit, von der der Titel kündete.[1]

Immerhin brachte Scheler, sechs Jahre nach Webers Tod (1920) und nur acht Jahre nach dessen Reden über Wissenschaft und Politik, deutlich seine Beunruhigung zum Ausdruck angesichts der »faschistischen und kommunistischen Bünde«, die nicht länger nach Wahrheit und Gerechtigkeit suchten (diesen »Ideen« begegneten sie vielmehr mit Verachtung), sondern einem »Herrn« zu folgen bereit waren, der ihnen sagen würde, was sie zu tun hätten. Scheler zitiert in diesem Zusammenhang die Schlußzeilen von Spenglers *Untergang des Abendlandes*, in denen er einen neuen Cäsarismus voraussagt, der auf die Gegenwart und ihre Vergötterung des Geldes werde folgen müssen.[2]

In seiner Begeisterung für das Wesenswissen unterschätzt Scheler jedoch die Gefahr, daß es dem Obskurantismus anheimfallen

1 Vgl. H. H. Gerth und C. Wright Mills, »Introduction: The Man and His Work«, in: *From Max Weber. Essays in Sociology*, übersetzt, hg. und eingeleitet von H. H. Gerth und C. Wright Mills, New York 1946, S. 70; Marianne Weber, *Max Weber. Ein Lebensbild*, Tübingen 1926, S. 685-687.

2 Vgl. Max Scheler, »Probleme einer Soziologie des Wissens« (1924), in: ders., *Die Wissensformen und die Gesellschaft*, a.a.O., S. 183.

könnte – einem Obskurantismus, der leicht zu Fanatismus und Sektiererei, zu Faschismus, Bolschewismus oder Nationalsozialismus führen kann. Wir haben die Grenzen von Max Webers – im Vergleich zu Scheler – sehr viel ausgeprägterem politischen Realismus und seiner viel tieferen politischen Leidenschaft gesehen, und wir haben konstatiert, daß Scheler die Frage, was eine gute Gesellschaft ausmacht, vernachlässigt; sein Verantwortungsgefühl gegenüber der Gesellschaft war sehr viel schwächer als dasjenige Max Webers.

Alfred Schütz, mit dem wir uns nun befassen wollen, war natürlich ebenfalls mit Schelers Werk vertraut und hat auch darüber geschrieben.[3] Wir wollen versuchen, Schütz von seinem Standpunkt aus zu verstehen, also in *seine* Welt eintreten.

1. Der Begriff »Welt« bei Schütz

»Welt« spielt im Werk von Alfred Schütz eine eminent wichtige Rolle. Mein Versuch, in die Welt von Schütz durch sein Werk (realistischer und bescheidener: durch einen Teil seines Werkes) einzutreten, stellt seinen »Welt«-Begriff selbst auf die Probe. Der *locus classicus* der Schützschen Diskussion von »Welt« (eng verwandt mit William James' »sub-universe of meaning«) ist sein Aufsatz »Über die mannigfaltigen Wirklichkeiten«.[4] In diesem bahnbrechenden Aufsatz sieht Schütz »Welt« durch ihren »kognitiven Stil« definiert; dieser weist sechs Merkmale auf: 1. »eine spezifische Bewußtseinsspannung«, 2. »eine spezifische Epo-

3 Vgl. vor allem »Schelers Theorie der Intersubjektivität und die Generalthese vom Alter Ego« (1942), in: Alfred Schütz, *Gesammelte Aufsätze*, Bd. 1: *Das Problem der sozialen Wirklichkeit*, Den Haag 1971, S. 174-206 (fortan *GA* I); »Max Scheler's Philosophy« (1956) und »Max Scheler's Epistemology and Ethics« (1957/58), in: Alfred Schütz, *Collected Papers*, Vol. III, hg. von Ilse Schütz, eingeleitet von Aron Gurwitsch, The Hague 1966, S. 133-144, 145-178 (fortan *CP* III). Zu Schelers Bedeutung für Schütz vgl. auch Helmut R. Wagner, *Alfred Schütz. An Intellectual Biography*, Chicago 1983, passim.

4 Vgl. Alfred Schütz, »Über die mannigfaltigen Wirklichkeiten« (1945), in: *GA* I, S. 237-298, besonders S. 237; siehe auch Alfred Schütz, »Don Quixote und das Problem der Realität« (1954), in: ders., *Gesammelte Aufsätze*, Bd. 2: *Studien zur soziologischen Theorie*, Den Haag 1972, S. 102-128 (fortan *GA* II).

ché«, 3. »eine vorherrschende Form der Spontaneität«, 4. »eine spezifische Form der Selbsterfahrung«, 5. »eine spezifische Form der Sozialität« und 6. »eine spezifische Zeitperspektive«.[5]

Wie Brenda Powell gezeigt hat, läßt sich im Werk von Schütz jedoch noch ein anderer Zugang zu »Welt« finden, und zwar in seiner postum veröffentlichten Arbeit »*Das Problem der Relevanz*«.[6] Hier wird »Welt« nicht durch ihren kognitiven Stil definiert, sondern als etwas betrachtet, das auf der Grundlage von Relevanz konstituiert ist. Doch kommt Powell zu der Überzeugung, daß das Individuum in beiden Zugängen zur »Welt« »seine Welten als intellektuelle Projekte behandelt«.[7] Wie wir noch sehen werden, muß das nicht unbedingt zutreffen. Schütz' Begriff von »Welt« wirft jedoch eine Frage auf, die zu seiner eigenen Welt hinführen könnte.

Zunächst verlassen wir aber das Thema »Welt« und merken nur noch an, daß unter den Welten, auf die Schütz eingeht, die des alltäglichen Lebens (der Lebenswelt), der wissenschaftlichen Theorie und, wenn auch weniger ausführlich, die Welt der Phantasie und der Träume sich befinden – nicht aber die Welt der Geschichte, der Gesellschaftskritik bzw. des philosophischen oder geistes- und sozialwissenschaftlichen Schreibens oder des Autors, geschweige denn der Beziehung zwischen den beiden letzteren, auf die ich mich, wie angedeutet, besonders konzentrieren will. Wir wollen auch die zwei Zugänge von Schütz zur »Welt« – den kognitiven Stil und die Relevanz – sowie Powells Behauptung, daß in beiden Fällen die Welten des Individuums intellektuelle Projekte sind, in Erinnerung behalten.

5 Alfred Schütz, »Über die mannigfaltigen Wirklichkeiten«, a.a.O., S. 265.

6 Alfred Schütz, *Das Problem der Relevanz* (1945-1951), hg. und erläutert von Richard M. Zaner, mit einer Einleitung von Thomas Luckmann, Frankfurt am Main 1982.

7 Brenda Venable Powell, »The What and Why of Experience: The Contrapuntal Relationship between Cognitive Style and Systems of Relevance«, in: *The Annals of Phenomenological Sociology* 2 (1977), S. 107-133; Zitat: S. 120.

2. Intersubjektives Verstehen

Ein wichtiges Element im Begriffsapparat von Alfred Schütz ist das intersubjektive Verstehen, genauer: das Wesen meiner Kenntnis eines anderen Menschen. Mit der Untersuchung dieses Problems verweist Schütz auf »Husserls Bedeutung für die Sozialwissenschaften«[8], um den Titel eines seiner Aufsätze zu zitieren; allgemeiner zeigt er damit die Bedeutung der Phänomenologie für die Soziologie.

Ausgangspunkt ist für Schütz ein Grundbegriff aus Max Webers Soziologie, der des »subjektiv gemeinten Sinnes«, kürzer, des subjektiven Sinnes oder der subjektiven Bedeutung. Der Begriff bezieht sich auf das, was in einem Individuum, das etwas hervorbringt, geistig oder emotional vorgeht, was immer das Hervorgebrachte sein mag – zum Beispiel ein Satz, ein Gebäude oder ein Streichquartett. Der Begriff bezieht sich also auf das, was das Individuum mit seiner Produktion meint. Die subjektive Bedeutung darf nicht mit der objektiven verwechselt werden. Unter letzterer versteht Schütz das, was das Produzieren oder das Produkt dieses Individuums *mir* bedeutet – mir, der es zu verstehen sucht, und zwar ungeachtet seiner subjektiven Bedeutung.[9] Das Ziel der Sozial- und Geisteswissenschaften ist es freilich, den subjektiven Sinn zu erfassen. Ihnen muß es darum gehen, in den Geist des anderen einzudringen, sich in den anderen zu versetzen, die Welt vom Standpunkt des anderen aus zu betrachten. Die Maxime eines solchen Versuchs könnte als methodologischer Relativismus bezeichnet werden (im Gegensatz zum erkenntnistheoretischen und moralischen Relativismus). Ihm liegt mit anderen Worten die Überzeugung zugrunde, daß das Relative und Einmalige im menschlichen Leben nicht dem

8 Alfred Schütz, »Husserls Bedeutung für die Sozialwissenschaften« (1959), in: *GA* I; S. 162-173. Siehe auch seinen früheren Aufsatz: »Einige Grundbegriffe der Phänomenologie« (1945), in: *GA* I, S. 113 bis 135, und den noch früheren: »Phänomenologie und die Sozialwissenschaften« (1940), in: *GA* I, S. 136-161.

9 Es war mir lange ein Rätsel, warum Schütz hier den Ausdruck »objektiv« verwendet; ich vermute, daß er »etwas dieser Art«, »diese Art von Ding«, ein Typ zu einer gegebenen Zeit an einem gegebenen Ort bedeutet, im Gegensatz zu der Bedeutung, die sich ergibt, wenn ich versuche, mich in den anderen zu versetzen, der das zu Verstehende hervorgebracht hat.

Absoluten und Universalen im menschlichen Leben widerspricht. Das Gebot, den anderen von seinem Gesichtspunkt aus zu verstehen – was oder wer das oder der andere auch sein mag: ein Individuum, ein Kunstwerk, eine Kultur, eine historische Periode –, ist eine Variante der Husserlschen Forderung, »zu den Sachen selbst« vorzudringen.

In seiner Analyse des Verstehens unterscheidet Schütz vier Kategorien des »anderen«: diejenigen, die in meiner physischen Nähe, also in meiner Umwelt leben; diejenigen, die mit mir zwar zur gleichen Zeit, aber an einem anderen Ort leben und meine Mitwelt ausmachen; diejenigen, die vor mir – in meiner Vorwelt – gelebt haben; und schließlich diejenigen, die in meiner Folgewelt, das heißt nach mir, leben werden.[10] Diese scheinbar unproblematische Typologie ist in Wirklichkeit alles andere als einfach. Ich kann hier jedoch nur auf einen – wenn auch zentralen – Aspekt hinweisen. Er betrifft die Möglichkeit meines Zugangs zum subjektiven Sinn der vier Typen. Ich vermag nämlich den subjektiven Sinn derer in meiner Mit- und Vorwelt nur mittels Typisierung zu erreichen (und der Definition nach den subjektiven Sinn derer in meiner Folgewelt überhaupt nicht, da ich sie ja nicht kennen kann); Schütz spricht jedoch explizit von der Möglichkeit »echten Fremdverstehens«.[11] Also bleibt es unentschieden, ob ich direktes statt eines nur typischen oder typisierten Verstehens des anderen in meiner Umwelt erreichen kann.

Sein Argument, daß Typisierung für das Verstehen des anderen in Mit- und Vorwelt unvermeidlich ist, läßt sich kaum anfechten. Schütz zeigt die außerordentliche Variabilität der Zergliederung oder Konkretisierung des Typus, den ich konstruiere, ohne daß ich mir dessen in meinen alltäglichen Kontakten bewußt wäre. So wird die Konkretheit in der folgenden Reihe immer schwächer: mein Brieftäger, *ein* Briefträger, Postbeamter, Postamt, soziale Einrichtung.[12]

Es bedarf keiner größeren Überlegung, um einzusehen, daß in Schütz' Begriffsvorrat mein »echtes Fremdverstehen«, mein Dich-Verstehen von dir, der du bei mir sitzt und den ich so gut

10 Vgl. Alfred Schütz, *Der sinnhafte Aufbau der sozialen Welt. Eine Einleitung in die verstehende Soziologie* (1932), Frankfurt am Main 1974, vierter Abschnitt, besonders S. 203.

11 Vgl. ebd., besonders § 22, S. 157.

12 Vgl. ebd., § 39.

kenne wie nur irgend jemanden, ebenfalls nur typisch sein kann, obwohl dieses Verstehen unvergleichlich viel feiner und tiefer als das gegenüber meinem Briefträger ist. Es ist nicht schwer, den Grund für diesen manchmal traurigen, manchmal erfreulichen Umstand zu erkennen: du und ich, wir sind nicht dasselbe Individuum, und: »Jedes Nachbilden einer Seele ist durch die Ähnlichkeit mit ihr bestimmt und obgleich diese keineswegs die einzige Bedingung des seelischen Erkennens ist [...], so würde das *vollkommene* Erkennen dennoch eine vollkommene Gleichheit voraussetzen.«[13]

Wir alle haben verschiedene Biographien, selbst falls wir eineiige Zwillinge sind, und wenn auch nur, weil die Welt, die ich sehe, anders aussieht als die, die du siehst, auch im wörtlichen Sinn, weil du und ich nicht zur selben Zeit am selben Platz sein können, denn jeder von uns hat einen Körper, der Raum ausfüllt, und ehe wir unsere Plätze tauschen (sogar in Kenntnis von Schütz' »Reziprozität der Perspektiven«[14] und danach handelnd), hat sich jeder von uns schon verändert, weil wir eben auch Körper sind.[15] Schütz betont zwar den nie mehr als asymptotischen Charakter des intersubjektiven Verstehens, aber sein Begriff des subjektiven Verstehens scheint die Möglichkeit, daß es »echt« und nicht nur typisch bzw. annähernd sein kann, wenigstens nicht auszuschließen. Soviel ich weiß, befaßt sich Schütz nicht ausdrücklich mit der Frage, ob derartiges Verstehen möglich ist und, falls ja, wie. Das läßt einen Zwiespalt in seiner Begriffsstruktur vermuten, der geklärt werden muß. Eine nähere Betrachtung der Schützschen Auffassung des Sozialwissenschaftlers kann uns dabei helfen.[16]

13 Georg Simmel, »Wie ist Gesellschaft möglich?«, in: ders., *Soziologie* (1908), hg. v. Otthein Rammstedt, Gesamtausgabe Bd. 11, Frankfurt am Main 1992, S. 47 f.

14 Vgl. Alfred Schütz, »Wissenschaftliche Interpretation und Alltagsverständnis menschlichen Handelns« (1953), in: *GA* I, S. 3-54, hier S. 12-15, oder ders., »Symbol, Wirklichkeit und Gesellschaft« (1955), in: *GA* I, S. 331-411, hier S. 364 f.

15 Der Veränderungsfaktor bringt das Problem des Selbstverstehens und somit der Kontinuität mit sich, was aber hier nur erwähnt werden kann.

16 Vgl. Alfred Schütz, »Über die mannigfaltigen Wirklichkeiten«, a.a.O., S. 281-298.

3. Der Sozialwissenschaftler bei Schütz

Der Sozialwissenschaftler als solcher hat keine Beziehung zu seinen Mitmenschen; er ist bloßer Beobachter, der sie als Typen – im Sinne der »Idealtypen« Max Webers – zu verstehen sucht; er beobachtet sie im Lichte seiner Typologie und prüft seine Typologie im Lichte seiner Beobachtungen. Mit anderen Worten: Der Sozialwissenschaftler tut das, was wir alle in der Lebenswelt tun. In der Lebenswelt hängen jedoch Art und Grad unseres Typisierens von unseren Zwecken und Interessen ab – den Zwecken und Interessen, die der Sozialwissenschaftler nach Schütz ausklammern muß.

Sowohl in der Lebenswelt als auch in der sozialwissenschaftlichen Welt kann der andere also nur als Typus verstanden werden. Wie kann Schütz demnach vom Verstehen des subjektiven Sinnes des anderen sprechen, wenn wir diesen Sinn doch nur *typisch* erfassen können, so daß der Ausdruck »echtes Fremdverstehen« irreführt? Gibt es noch einen weiteren Zugang zum anderen – zu meiner Um-, Mit- und Vorwelt –, der wirkliches, echtes anstatt nur typisches und annäherndes Verstehen des subjektiven Sinnes ermöglicht? Läßt der Zwiespalt sich dadurch klären, daß ein uneingestandener, aber vielleicht ersehnter Zugang zum anderen gleichsam hinter dem expliziten steckt?

4. Schütz und Husserl

An dieser Stelle ist es angezeigt, auf Husserl zurückzugehen – auf Husserl, der für das Verständnis der Schützschen Denkweise so wichtig ist. Die fünfte der *Cartesianischen Meditationen* enthält eine genaue Analyse des Prozesses der »Konstitution« des anderen durch »Appräsentation«, es ist eine »passive Synthese«, durch die, um Schütz zu zitieren, eine »Erfahrung [...], welche ein Mit-da vorstellig macht, das doch nicht selbst da ist [...]. Mit anderen Worten: das Appräsentierte gelangt selbst nie zur wirklichen Präsenz.«[17]

Für Husserl existiert eine objektive Welt, und »die erste Form der Objektivität [ist] die intersubjektive Natur«:

17 Alfred Schütz, »Phänomenologie und die Sozialwissenschaften«, a.a.O., S. 146, Anm. 1.

»*Das erste* in Form der Gemeinschaft Konstituierte und *Fundament aller anderen intersubjektiven Gemeinschaftlichkeiten* ist die Gemeinsamkeit der Natur in eins mit derjenigen des fremden Leibes und fremden psychophysischen Ichs in Paarung mit dem eigenen psychophysischen Ich.«[18]

In seiner klaren und hilfreichen, »sehr kondensierten Darstellung von Husserls fünfter Meditation« stimmt Schütz darin mit Sartre überein, daß Husserl »in meisterhafter Weise innerhalb der mundanen Sphäre nachgewiesen hat, wie der Andere manifest wird, wie übereinstimmendes Verhalten, Kommunikation usw. auftreten, wie also in dieser Sphäre das Mit-Dasein von Menschen möglich ist. Er hat aber nicht die Möglichkeit bewiesen, daß ein koexistierendes transzendentales *alter ego* innerhalb und vermittels der Leistungen des transzendentalen *ego* konstituiert werden kann. Dieses würde aber notwendig sein, um das solipsistische Argument in der transzendentalen Sphäre zu überwinden.«[19] Eine wichtige Beobachtung zu Husserl und zur Intersubjektivität findet sich in Merleau-Pontys *Phänomenologie der Wahrnehmung*:

»Phänomenologie ist Wesensforschung – alle Probleme, so lehrt sie, wollen gelöst sein durch Wesensbestimmungen: Bestimmung des Wesens der Wahrnehmung etwa, des Wesens des Bewußtseins. Doch ebensosehr ist Phänomenologie eine Philosophie, die alles Wesen zurückversetzt in die Existenz und ein Verstehen von Mensch und Welt in der ›Faktizität‹ fordert. Phänomenologie ist Transzendentalphilosophie, die die Thesen der natürlichen Einstellung, um sie zu verstehen, außer Geltung setzt – und doch eine Philosophie, die lehrt, daß Welt vor aller Reflexion in unveräußerlicher Gegenwart ›je schon da‹ ist, eine Philosophie, die auf nichts anderes abzielt, als diesem naiven Weltbezug nachzugehen, um ihm endlich eine philosophische Satzung zu geben.«[20]

Nach Schütz (und Sartre) ist es Husserl nicht gelungen, Intersubjektivität als Intersubjektivität zwischen transzendentalen Ichs (Subjekten) zu begründen. Das heißt aber, daß es ihm nicht ge-

18 Edmund Husserl, *Cartesianische Meditationen und Pariser Vorträge* (1929 ff.), Den Haag 1950, S. 149.

19 Alfred Schütz, »Sartres Theorie des Alter Ego« (1948), in: *GA* I, S. 207-234, hier S. 227.

20 Maurice Merleau-Ponty, *Phänomenologie der Wahrnehmung* (1945), Berlin 1966, S. 3. Vgl. auch Paul Ricœur, »La Cinquième Méditation Cartésienne«, in: ders., *A l'École de la Phénoménologie*, Paris 1986, S. 197-225.

lungen ist, eine theoretische Basis für die Sozialität, also für die Gesellschaft und damit verbunden auch die Gesellschaftsforschung zu finden. Merleau-Ponty zufolge sucht Husserl nach dem Wesen oder nach Wesenheiten auf einem Gebiet, das er zu diesem Zweck einklammern muß, das heißt auf dem Gebiet der Existenz, die sich damit als Quelle von Verwirrung wie von Klärung herausstellt. »Existenz« nämlich heißt alltägliche Existenz, Existenz im Sinne von Schütz' »ausgezeichneter Wirklichkeit«, und nichts anderes steht uns zur Verfügung, wenn wir uns auf die Suche nach Wesenheiten machen: Die »Welt« oder unsere Kultur, unsere überlieferten Ideen sind alles, was wir aufheben können. Sie leiten uns in einer stets versuchsweisen Art – daher das Element der Verwirrung. Aber diese versuchsweise Art können wir aufheben – daher das Element der Klärung, des Verstehens.

Husserls und somit auch Schütz' Problem läßt sich aus Merleau-Pontys Beobachtung erschließen, daß für Husserl die Welt immer ›schon da‹ sei, vor dem Nachdenken über sie. Wir sind diesem Gedanken Husserls bereits in seinem Zitat über die »Gemeinsamkeit«, die »intersubjektive« Gemeinsamkeit »der Natur« begegnet.

Die einzige Folge, die sich nach Husserl aus dem »Da-Sein« der Welt ergibt, ist die, daß wir sie aufheben müssen; die einzige Erwiderung auf die Welt ist, uns auf die Suche nach ihrem *eidos* zu machen. Mit anderen Worten: Husserls Interesse an der Welt ist erkenntnistheoretischer Natur. Doch können wir kognitiv auf die Welt auch anders eingehen, nämlich als etwas, das unter anderem moralische, ästhetische oder politische Bedeutung hat, und ein derartiges Eingehen auf die Welt kann auch zu praktischer Tätigkeit führen. Für Husserl *ist* da die Welt, *ist* da der andere, *sind* da andere; aber es scheint, als hätte er nicht genug Vertrauen in die Welt, in den anderen und die anderen, und als müßte er seine ganze Bemühung auf den Versuch, sie phänomenologisch zu *konstituieren,* verwenden – gewiß, um damit eine Grundlage für die rationale Praxis zu finden (und »gewiß« in zwei ganz verschiedenen Bedeutungen: *allerdings* und *sicher* oder sich versichernd). Husserl glückte es nicht, transzendentale Intersubjektivität theoretisch zu begründen, weil er eine zu selektive und fragmentarische, eine zu erkenntnistheoretische Beziehung zu Welt und Menschen hatte.[21]

21 Vgl. dazu die Festellung Georg Simmels: »Die Geschichte der Philo-

5. Der Schützsche Konflikt

Doch kehren wir zu Alfred Schütz zurück. Wenn es zutrifft, daß sowohl in Husserls wie in Schütz' Theorie die Welt und die Menschen ausschließlich erkenntnistheoretische Bedeutung und erkenntnistheoretisches Interesse haben, so erhebt sich die Frage, warum dem so ist. Indem wir diese Frage aufwerfen, bleiben wir nicht mehr innerhalb ihrer Werke, sondern betrachten sie von außen; auf dem Wege zu den Autoren und ihrem Ort und ihrer Zeit. Kennzeichnend für das Werk (wohlgemerkt: das *Werk*!) dieser Denker ist eine asketische Haltung gegenüber den Beziehungen zwischen Menschen; diese Haltung weist Parallelen auf zu Max Webers Befürwortung der »wertfreien« Wissenschaft. Der Zwiespalt, den wir bei Schütz vermuteten, legt jedoch den Verdacht nahe, daß dieses Mißtrauen gegenüber jeglicher Rolle, die das Gefühl bei der Grundlegung rationaler Praxis spielen könnte, mit einer anderen Haltung konkurriert und gegen sie ankämpft, nämlich dem Bedürfnis nach »echtem Fremdverstehen«, vielleicht auch dem Wunsch, die Askese zu mildern.

In der Tat deutet einiges im Werk von Alfred Schütz auf einen Konflikt zwischen diesen beiden Komponenten hin. So gibt es zwei theoretisch schlecht assimilierte Elemente, die wiederholt in seinen Schriften auftauchen: die »Fundamentalangst« der »Grund-Erfahrung eines jeden von uns [...]: ich weiß, daß ich sterben werde und fürchte mich davor«[22], und das Zusammen-

sophie zeigt die eigentümliche und nicht gerade zum Stolz berechtigende Tatsache, daß sie ihren eigenen Anspruch auf die Tieferwertung des Lebens an einer Reihe der wichtigsten und fragwürdigsten Lebenselemente unerfüllt gelassen hat. Sie belehrt uns nicht – außer in gelegentlichen Bemerkungen – über den Begriff des Schicksals, nicht über die rätselvolle Struktur dessen was wir ›das Erleben‹ nennen, bis zu Schopenhauer sogar nicht über den tiefen Lebenssinn von Glück und Leiden, insoweit er moralisch bedeutsam ist. Am meisten vielleicht hat sie von den großen vitalen Mächten die Liebe vernachlässigt – als wäre diese eine Art Nebensache, nur ein Abenteuer der subjektiven Seele, unwürdig des Ernstes und der strengen Sachlichkeit philosophischer Bemühung.« Georg Simmel, »Der platonische und der moderne Eros« (1921/22), in: ders., *Fragmente und Aufsätze aus dem Nachlaß und Veröffentlichungen der letzten Jahre*, hg. von Gertrud Kantorowicz, München 1923, S. 127.

22 Alfred Schütz, »Über die mannigfaltigen Wirklichkeiten«, a.a.O.,

älter-Werden in der Wir-Beziehung.[23] In beiden Fällen ist nicht klar, wer spricht und wie die Aussage begründet wird. Der erwähnte Wunsch oder Drang mag auch in Aufsätzen wie »Gemeinsam Musizieren« (1951), »Mozart und die Philosophen« (1956)[24], »Das Duproblem« (1924-28)[25] und »Tiresias oder unser Wissen von zukünftigen Ereignissen« (1959)[26] am Werk sein, womöglich auch in seinem späteren Interesse an der Lebenswelt[27] und an dem Problem der Relevanz, so daß Brenda Powells Behauptung, auch die auf der Grundlage der Relevanz konstruierte Welt sei ein geistiges Projekt, neu untersucht werden muß.

Max Weber war ein eminent politischer, Schütz ein sehr musi-

S. 262, aber auch an mehreren anderen Stellen. Vgl. auch Ilja Srubar, *Kosmion. Die Genese der praktischen Lebensweltheorie von Alfred Schütz und ihr anthropologischer Hintergrund*, Frankfurt am Main 1988, S. 187 und passim.

23 Vgl. »Über die mannigfaltigen Wirklichkeiten«, a.a.O., S. 252. In einer sorgfältigen Analyse der Schützschen »Wir-Beziehung« hat Arthur S. Parsons eine Variante entdeckt, die er »transcendent we-relation« nennt. Die Entdeckung ist der Powells vergleichbar und deutet auf eine mehr als rein kognitive Intersubjektivität hin. Vgl. Arthur S. Parsons, »Constitutive Phenomenology: Alfred Schütz's Theory of the We-Relation«, in: *Journal of Phenomenological Psychology* 4 (1973) 1, S. 341-361, besonders den letzten Abschnitt »The Two Modes of the We-Relation«, S. 348-361.

24 Alfred Schütz, »Gemeinsam Musizieren« (1951) und »Mozart und die Philosophen« (1956), in: *GA* II, S. 129-150, 151-173.

25 Vgl. Alfred Schütz, *Theorie der Lebensformen (Frühe Manuskripte aus der Bergson-Periode)*, hg. und eingeleitet von Ilja Srubar, Frankfurt am Main 1981, S. 307-309. Das Buch, das Schütz' Schriften während der Jahre von Bergsons größtem Einfluß auf ihn enthält und das der Arbeit *Der sinnhafte Aufbau der sozialen Welt* vorausgeht, bedarf weiterer Analyse im Hinblick auf seine Beziehung zu Schütz' späterem Werk. In der Zwischenzeit sind Srubars »Einleitung: Schütz' Bergson-Rezeption« und Helmut R. Wagners Einführung zu seiner englischen Übersetzung dieses Werkes (*Life Forms and Meaning Structure*, übersetzt und eingeleitet von Helmut R. Wagner, London 1982) wichtig und hilfreich.

26 Alfred Schütz, »Tiresias oder unser Wissen von zukünftigen Ereignissen« (1959); in: *GA* II, S. 259-278.

27 Alfred Schütz/Thomas Luckmann, *Strukturen der Lebenswelt*, Neuwied und Berlin 1975; dies., *Strukturen der Lebenswelt*, Bd. 2, Frankfurt am Main 1984.

kalischer Mensch. Beide hielten es für notwendig, diesen leidenschaftlichen Interessen nicht in ihren Konzeptionen von Sozialwissenschaft Raum zu geben, im Fall von Schütz auch nicht im Rahmen seiner Philosophie. (Das hinderte sie freilich nicht daran, diese Interessen zum Objekt wissenschaftlicher Untersuchungen zu machen – sofern sie bei anderen Individuen oder in anderen Perioden auf diese Interessen stießen.) Webers »Wertfreiheit«, sein Verbot, als Wissenschaftler Werturteile zu fällen – ein Verbot, das Schütz unanalysiert übernahm –, hat seine Parallele in Schütz' Verneinung aller Beziehungen zwischen dem Soziologen und den Menschen, die er erforscht. Der Terminus »Marionette«, den Schütz mit »Idealtypus« gleichsetzt[28], warnt uns davor, darunter etwa die einfache Beschreibung eines wirklichen Individuums zu verstehen. Der Ausdruck vermittelt etwas von der Abstinenz des Soziologen, der sich mit Ausnahme der erkenntnistheoretischen jeglicher Beziehung zu seinen Mitmenschen enthält.[29]

6. Zwei Fragen

Abschließend möchte ich zwei Fragen aufwerfen, deren Beantwortung jedoch einer zukünftigen Analyse vorbehalten bleiben muß.

Erstens: Zu Beginn habe ich gesagt, daß mein Versuch, in die Welt von Alfred Schütz einzutreten, seinen Begriff von »Welt« selbst auf die Probe stellen muß. Ich habe ihn gewissermaßen einem empirischen Test unterworfen und dabei zwei Charakteri-

28 Vgl. Alfred Schütz, »Über die mannigfaltigen Wirklichkeiten«, a.a.O., passim.

29 Vgl. die Kritik der Schützschen Vernachlässigung der Praxis von Zygmunt Bauman, »In the Prevailing Circumstances« [anläßlich von Schütz' *Life Forms and Meaning Structure*, a.a.O. (deutsch: *Theorie der Lebensformen*, a.a.O.) und Burke C. Thomason, *Making Sense of Reification: Alfred Schütz and Constructionist Theory*, London 1982], in: *Times Literary Supplement*, 19. November 1982, S. 1283. Die Hauptrichtung von Baumans Kritik an der Phänomenologie entspricht dem, was von mehreren Mitgliedern der »Frankfurter Schule« vertreten wurde; vgl. auch Kurt H. Wolff, »Phenomenology and Sociology«, in: Tom Bottomore/Robert Nisbet (Hg.), *A History of Sociological Analysis*, New York 1978, S. 506-509.

stika seiner Arbeit identifiziert, die uns als Wegweiser auf unserem Weg zu seiner Welt gedient haben: die durchweg erkenntnistheoretische Konstitution von »Welt« – und die Diskrepanz in seiner Konzeption des Verstehens anderer. Da wir in seinem Werk keine Antwort auf die von diesen Charakteristika aufgeworfenen Fragen finden konnten, sahen wir von dem Werk selbst ab und wandten uns an dessen Autor. Auf diesem Wege kommen der Autor und seine Welt gleichzeitig in den Blick. Einerseits sehen wir einen Menschen in einem ungelösten Konflikt zwischen der Monopolisierung durch ein erkenntnistheoretisches Anliegen und dem Wunsch, diese Monopolisierung zu überwinden, indem er in seiner Theorie unterdrückte ästhetische und moralische Bedürfnisse zuläßt und theoretische Schlußfolgerungen aus ihnen zieht. Andererseits ist die Gesellschaft, in der dieser Mensch lebt, eine Gesellschaft, in der ein derartiger Konflikt weit verbreitet ist und auf vielfache Weise zum Ausdruck kommt – als Konflikt zwischen Wissenschaft und Religion, Technik und Kunst, Manipulation und Liebe usw.

Worin besteht die Beziehung zwischen diesem gewiß sehr skizzenhaften Zugang zu »Welt« und Schütz' Analyse von »Welt«? Um diese Frage zu beantworten, dürfte es nützlich sein zu untersuchen, inwiefern die sechs Merkmale des »kognitiven Stils« einer Welt sowie die verschiedenen von Schütz diskutierten Relevanzen auch in unserer Diskussion eine Rolle spielen, insbesondere aber auch zu klären, inwiefern Zeit und Ort durch die Erhellung seines Werkes selbst erhellt werden. Muß meine Vorgehensweise verändert werden oder das Begriffsinventar von Schütz, um Zeit und Ort zu ihrer jeweiligen tatsächlichen Bedeutung zu verhelfen?

Zweitens: In der kurzen Zusammenfassung von Schütz' vierfacher Typologie des anderen (Umwelt, Mitwelt, Vorwelt, Folgewelt) habe ich zwar deren Plausibilität betont, erwähnte aber auch, daß sie gewisse Probleme aufwirft. Ich habe mich darauf beschränkt, eines dieser Probleme, das Verstehen des Menschen in meiner Umwelt, kurz zu diskutieren. Ich will nun ein weiteres benennen.

Mein Freund, mit dem ich mich in meinem Zimmer unterhalte, gehört zu meiner Umwelt. Sobald er jedoch das Zimmer verläßt und die Tür hinter sich schließt, wird er zu einem Bestandteil meiner Mitwelt – als ob unsere Freundschaft mit allen ihren Erinnerungen und ihrer gegenseitigen Zuneigung eine geringere Rolle spielte als der Unterschied zwischen physischer Gegenwart und physischer Trennung.

Gewiß gibt es einen Unterschied, ob jemand physisch bei mir oder nicht bei mir ist; was aber in dem Schema von Schütz nicht vorkommt, ist das Wesen dieses Unterschieds. Um sich darüber Klarheit zu verschaffen, wäre es nötig, genau zu beobachten, was in meiner Beziehung zu meinem Freund vor sich geht, während ich zusehe, wie er von seinem Stuhl aufsteht, auf die Tür zugeht, sie öffnet, hinausgeht und mich allein zurückläßt mit dem Geräusch sich entfernender Schritte, bis sogar dieser Schall verschwindet. Diese empirische Methode entspricht der in diesem Kapitel angewandten, und ich kann mir vorstellen, daß ihre Anwendung auf die Beschreibung von Umwelt, Mitwelt und deren Unterschiede Veränderungen in der Schützschen Beschreibung mit sich bringen würde[30] – ebenso wie eine sorgfältige Prüfung meiner ersten Frage, der Frage der »Welt«, Abänderungen in der Formulierung dieses Begriffs und dessen, was er zu erfassen sucht, nach sich ziehen dürfte.

30 »Hier [mit der zweiten Frage, d. Verf.] haben Sie das zentrale Problem des ganzen Schützschen Vorgehens in bezug auf gegenseitiges Verstehen und Intersubjektivität erreicht. Es beschäftigt mich seit langem. Es ist mir klar, daß Schütz, mit seiner außerordentlichen Fähigkeit für die Freundschaft und alles, was diese mit sich bringt – mit, in jedem einzelnen Fall, seit er Wien verließ, seltenen und kurzen Begegnungen, die manchmal fast ein Jahr währende Intervalle räumlicher Trennung unterbrachen –, das niemals als ein Thema der Selbstbeobachtung ansah, sondern eine theoretische Stellung einhielt, die ich mit seiner Anhängerschaft an gewisse Husserlsche Grundprinzipien erkläre; den Ausschluß der phänomenologischen Beobachtung von emotionellen Erlebnissen zugunsten ›rational‹-kognitiver Prozesse. (Er wußte es besser in seinen frühen Bergson-Tagen.) Und er fühlte sich auch nicht so recht wohl bei dem phänomenologischen Rationalismus, was er zeigte, wenn er mehr als einmal Scheler pries, weil sich dieser so ausgiebig mit Gefühlen beschäftigte.« Aus einem Brief von Helmut R. Wagner an den Autor, 5. Februar 1982 (aus dem Englischen übersetzt).

Sechster Zugang
Karl Mannheim

1. Schütz, Mannheim und die Aufgabenstellung dieses Zugangs

Schütz verficht eine scharfe Trennung zwischen Analyse und Gefühl, Erkenntnistheorie und philosophisch-metaphysisch-religiösem-Erlösungswissen (Schelers dritter Wissensform), sozialwissenschaftlicher Forschung und persönlicher Beziehung. Aber wir sahen, daß er eine solche Trennung nicht aufrecht erhalten kann. Er übersieht den Konflikt zwischen den beiden Faktoren, die er ausdrücklich trennen will (da sie verschiedenen »Welten« angehören), und vernachlässigt ihn somit. Auf diese Weise verkörpert er selbst die Spannung zwischen dem Kampf um eine solche Trennung und ihrer Unmöglichkeit. In einer guten Gesellschaft würde es diese Spannung nicht geben; wie ich im dritten Zugang nahelegte, weiß sich die Soziologie (oder Sozialwissenschaft), die diese Spannung transzendieren will, dem Ideal einer guten Gesellschaft verpflichtet – und jetzt fügen wir hinzu: sie fühlt sich zu der gewissenhaftesten Bemühung um die Verdeutlichung dessen verpflichtet, was »Verpflichtung« zu einer guten Gesellschaft bedeutet, das heißt, sie verpflichtet sich zur gewissenhaftesten Bemühung um die Klärung von »Verpflichtung« und »gute Gesellschaft« als ständige Vorbedingung beider.

Diese Verpflichtungen ist Karl Mannheim eingegangen. Daraus erklärt sich auch die negative Haltung, die Alfred Schütz gegenüber Mannheims Wissenssoziologie, mit ihrer historischen Orientierung und ihren Marxschen Elementen, eingenommen hat und der er seine eigene entgegenstellte, die am klarsten in seinem Aufsatz »Der gut informierte Bürger« zum Ausdruck kommt.[1] In dieser Arbeit stellt Schütz eine Typologie des »man of knowledge« vor – um den Ausdruck zu benutzen, den Florian Znani-

1 Vgl. Alfred Schütz, »Der gut informierte Bürger« (1946), in: *GA* II, S. 85-101. Vgl. auch Jonathan B. Imber, »The Well-Informed Citizen: Alfred Schutz and Applied Theory«, in: *Human Studies* 7 (1984), S. 117-126.

ecki in seiner eigenen Typologie gebrauchte.[2] Doch weder die eine noch die andere Studie befaßt sich mit den geschichtlichen Umständen, auf die sich die von ihnen entworfenen Typen beziehen oder die sie hervorgebracht haben. Die Haltung, die Schütz gegenüber Mannheims Wissenssoziologie an den Tag legt, ähnelt auch derjenigen, die Schütz gegenüber der Idee von »Hingebung und Begriff« einnimmt – wie sein Biograph, Helmut R. Wagner, deutlich erkannt hat.[3] Tatsächlich weisen die Wissenssoziologie, wie Mannheim sie versteht (und wie ich, der ich sein Schüler war, sie verstehe), und Hingebung-und-Begriff unter anderem die Gemeinsamkeit auf, daß sie die obenerwähnten Verpflichtungen eingegangen sind.[4]

Nun aber zu Mannheim selbst. Da Mannheim mich entscheidend beeinflußt hat, wird dieser Zugang der persönlichste sein – was ja durchaus in Einklang mit der Soziologie steht, die zu entwickeln ich mich hier bemühe. Ich werde zu beweisen versuchen, daß es wichtig ist und warum es wichtig ist, Mannheim zu *begegnen*, statt von ihm in der dritten Person zu sprechen – in Martin Bubers Ausdrucksweise, mit ihm in eine Du-Beziehung statt in eine Es-Beziehung zu treten.[5] Doch dazu müssen wir mit uns selbst anfangen.

Mit uns selbst? Sofort erhebt sich die Frage, wer wir sind. Es ist eine Frage, die uns wahrscheinlich albern oder seltsam vorkommt und die außerdem scheinbar gar nicht auf unser Thema,

2 Vgl. Florian Znaniecki, *The Social Role of the Man of Knowledge*, New York 1940. (Ein soziologischer Vergleich dieser und der Typologie von Schütz könnte lohnende Einsichten mit sich bringen.)

3 Vgl. Helmut R. Wagner, *Alfred Schütz: An Intellectual Biography*, a.a.O., S. 243-249. Über meine eigene Entdeckung des Einflusses sowohl von Schütz wie von Mannheim auf mein Denken, siehe »On My Brush with Phenomenology«, in: *American Phenomenology: Origins and Development* (*Analecta Husserliana*, Vol. XXVI), hg. von E. F. Kaehlin und C. O. Schrag, Dordrecht/Boston 1989, S. 442-445, besonders S. 443 f. Vgl. auch Helmut R. Wagner, »Between Ideal Type and Surrender: Field Research as Asymmetrical Relation«, in: *Human Studies* 1 (1978), S. 153-164.

4 Vgl. dazu auch Kurt H. Wolff, »The Sociology of Knowledge and Surrender-and-Catch« (1982), in: ders., *Beyond the Sociology of Knowledge: An Introduction and a Development*, Lanham/New York/London 1983, S. 256-267.

5 Vgl. Martin Buber, *Ich und Du*, 11. Auflage Heidelberg 1983.

nämlich auf Karl Mannheim Bezug nimmt. Es ist aber eine entscheidende Frage, auch für dieses Thema. Hier bedeutet sie: Sind wir an Informationen über Karl Mannheims Werk interessiert, oder wollen wir mit Mannheim in eine Beziehung treten? Die meisten würden wahrscheinlich für die erste Alternative stimmen: Ja, wir wollen Auskunft über Mannheims Werk, über die Bedeutung dieses Werks, insbesondere über seine Bedeutung angesichts der gegenwärtigen Lage der Menschheit. Ich bin dagegen der Meinung, daß zum gegenwärtigen Zeitpunkt in der Weltgeschichte der beste Weg zu diesen Zielen über die Suche nach einer Begegnung mit Mannheim führt.

Die beiden Zugänge zu unserem Thema sind grundverschieden. Wir können keine wahre Beziehung zu einem Denker (oder zu irgend jemandem und irgend etwas sonst) nur durch Informationen herstellen – und seien sie auch noch so ausführlich. Doch bedeutet die Tatsache, daß die beiden Vorgehensweisen verschieden sind, keineswegs, daß sie sich nicht gegenseitig von Nutzen sein könnten. Sie suchen verschiedene Arten des Wissens oder der Wahrheit, wobei die eine »existentiell« und die andere »wissenschaftlich« genannt werden kann.[6] Das ideale Verstehen würde beide Arten berücksichtigen. Doch darum kann es aber hier nicht gehen. Mir geht es an dieser Stelle nur darum, zu zeigen, welche enorme Bedeutung der vernachlässigte oder auch mißbrauchte Zugang zur existentiellen Wahrheit hat. Dieser Zugang wird gewöhnlich als unwissenschaftlich abgetan, oder es werden ihm Sentimentalität und Ungenauigkeit vorgeworfen.

Eine Begegnung mit Karl Mannheim, die Herstellung einer Beziehung zu ihm, gilt, wie ich andeutete, dem *Phänomen* Karl Mannheim. Der Ausdruck »Phänomen« wird hier im Sinne des Begründers der Phänomenologie, Edmund Husserl, verwendet: Er bezeichnet das, was uns erscheint, wenn wir uns jemandem auf die vorurteilsloseste Weise, deren wir fähig sind, nähern; in meiner Terminologie: wenn wir uns ihm hingeben. Eine Beziehung zu Karl Mannheim herzustellen heißt also zunächst, genügend Kenntnisse über ihn zu erwerben – von seinen Arbeiten, seinen Beziehungen, den Einflüssen auf ihn und von ihm und was sonst wir uns als möglicherweise einschlägig vorstellen können –, so

6 Vgl. Kurt H. Wolff, *Beyond the Sociology of Knowledge*, a.a.O., besonders S. 40-43, und ders., *Surrender and Catch*, a.a.O., besonders S. 128, 132-135.

daß wir über eine Fülle von Informationen verfügen, die wir dann »aufzuheben« oder »einzuklammern« versuchen, damit Mannheim jenseits des Bezugsrahmens erscheine. Denn der Bezugsrahmen oder die Bezugspunkte sind nicht identisch mit Karl Mannheim, sie speisen sich aus anderen Quellen und müssen daher in Frage gestellt, aufgehoben und eingeklammert werden.

Was wir nicht einzuklammern vermögen, ko-konstituiert unseren Gegenstand und unsere Kenntnis von ihm. Die gründlichste Aufhebung, deren wir fähig sind, ist die »Hingebung« an jemanden oder etwas; ihr Ergebnis, ihre Folge ist der »Fang« oder »Begriff«. In diesem Fall bin ich die Person, die sich hingibt, und die Antwort auf die Frage, wer wir sind, lautet: Individuen, die sich dem Versuch, sich dem Phänomen Karl Mannheim hinzugeben, hingeben.

Es dürfte ohne weiteres einsichtig sein, daß Hingebung nur einen gewissen Grad erreichen kann: Wir sind außerstande, *alle* Ansichten, Auffassungen, Gewißheiten, Hypothesen und Ideen aufzuheben, denn da sie zusammen unsere Kultur (im anthropologischen Sinne) ausmachen, hieße das, unsere ganze Kultur aufzuheben, also auf einen bloß biologischen Organismus herabgemindert zu werden. Mit anderen Worten: Wir können uns nicht wirklich vergewissern, wie ein anderer Mensch ist, denn bei unserem Versuch, das zu tun, steht uns nichts zur Verfügung als unsere Kultur, die ihrer Definition nach nicht die irgendeines anderen Menschen sein kann. In diesem Sinne ist die Hingebung ein Kompromiß: zwischen der Unmöglichkeit, uns dem anderen zu nähern – was voraussetzte, daß wir unsere ganze Kultur abwürfen (was wir nicht können) –, und einer Verzerrung des anderen, insofern wir – ungeachtet des Grades, in dem es uns gelingt, unsere Ideen einzuklammern – die Hingebung nicht zu Ende führen können.

2. Bedenken

Ich will noch einen anderen Weg einschlagen, um zu dem Punkt zu gelangen, den wir erreicht haben. Vor vielen Jahren hörte ich einen eindrucksvollen Vortrag eines berühmten Wissenschaftsphilosophen, dessen Werk ich auch heute noch bewundere. In seinem Vortrag vertrat er leidenschaftlich den Standpunkt der Geschichtlichkeit wissenschaftlichen Theoretisierens.

In meiner Reaktion auf seine Ausführungen schrieb ich ihm, daß diese Historizität »in dem gründet, was man das Paradox der Sozialisierung nennen könnte: Wir können nicht existieren ohne Sozialisierung, können uns nicht einmal vorstellen, was das hieße, aber die Sozialisierung kokonstituiert und verzerrt somit die Welt. Entweder nichts oder ein falsches Bild. Wir können diese Tatsache auch ausdrücken, indem wir sagen, daß jede Perzeption eine Interpretation ist, daß es so etwas wie eine reine, ungetrübte Perzeption, eine rein ›objektadäquate‹ Kenntnis nicht gibt.« Ich selbst, so fügte ich hinzu, sei mit dieser Problematik durch die Wissenssoziologie konfrontiert worden (ich studierte zu dieser Zeit bei Karl Mannheim). Im Grunde ginge es dabei um die Möglichkeit universaler Wahrheit, genauer: um das Problem des (nicht nur erkenntnistheoretischen, sondern auch moralischen) Relativismus.

Ich zitiere das Wichtigste aus der Antwort, die ich bekam:

»Sie sagen: ›die Sozialisierung kokonstituiert und verzerrt somit die Welt. Entweder nichts oder ein falsches Bild.‹ Ich weiß, warum Sie so etwas sagen, und auch ich finde es verlockend. Dennoch denke ich, daß es falsch sein muß. Wenn die Sozialisierung die Welt kokonstituiert, dann ist die Welt eben so, und so kann von Verzerrung nicht die Rede sein. Wenn die Alternative zu einem falschen Bild nichts ist, dann kann man nicht eigentlich sagen, daß das Bild falsch sei. Es ist ein altes Problem für mich, und ich erinnere mich noch, wie aufgeregt ich war, als ich damit durch *Ideologie und Utopie* bekannt gemacht wurde – ein Buch, das ich immer sehr bewundert habe. Ich dachte aber auch, daß Mannheims Versuche, wieder eine positivistische Idee der Objektivität zur Geltung zu bringen, nachdem er gezeigt hatte, daß nichts dergleichen existieren könne, große Schwierigkeiten für seinen Gesichtspunkt machen würden. Ich kann nicht behaupten, daß ich es sehr viel besser machen könnte, aber ich versuche es noch immer.«

Um es zu wiederholen: Zunächst zitiert er die Passage, in der ich für die Hingebung eintrete, die ich als einen notwendigen Kompromiß zwischen der Unmöglichkeit, sich dem anderen zu nähern, und der Verzerrung des anderen (und auch unserer selbst) definiert habe, wobei ich dies in meinem Brief mit dem Paradox der Sozialisierung in Zusammenhang bringe (»Entweder nichts oder ein falsches Bild«); und im Anschluß an dieses Zitat schreibt mein Briefpartner: »Ich weiß, warum Sie so etwas sagen, und auch ich finde es verlockend. Dennoch denke ich, daß es falsch sein muß.« Warum muß es falsch sein? Die Antwort meines Korrespondenzpartners scheint den Wunsch zu verdecken, sich von der Hingebung abzuwenden. Denn anders als das Verlangen nach wissenschaftlicher Wahrheit und nach Auskunft im alltäglichen Sinne des Wortes führt uns die Hingebung aus der alltäglichen Welt, der Lebenswelt, heraus – aus Schütz' »ausgezeichneter Wirklichkeit« wie auch aus der wissenschaftlichen Welt, und nimmt uns in die Welt, die uns damit droht, daß wir nichts haben als uns selbst, um uns zurechtzufinden – uns selbst wie auch den anderen, der aber ebenso entblößt ist wie wir; eine Welt, in der wir die Drohung des Nichts spüren, weil alles auf dem Spiel steht – die Drohung des Todes.[7]

Um uns die Relevanz der Hingebung für die Erfassung unserer geschichtlichen Lage näherzubringen – und das Verständnis dieser Relevanz deutet auf mein Verständnis von Mannheims Relevanz für diese Lage –, gebe ich ein zweites Beispiel. Auf einer Konferenz über die Emigration deutscher Sozialwissenschaftler 1933–45 sagte ich in meinem Beitrag, daß weder ich noch sonst irgend jemand ausschließlich als Emigrant oder Immigrant definiert werden könne, ja daß ganz allgemein das Bewußtsein eines Menschen, der sich restlos mit seiner Rolle identifiziere, ein falsches Bewußtsein sei. »Eine solche Identifikation«, so erklärte ich weiter,

»ist in Wirklichkeit ja wohl auch selten; ich finde es z. B. schwer, mir einen Handwerker oder Fabrikarbeiter oder Arzt vorzustellen, der auch als Ehemann, Vater oder Bürger Handwerker oder Fabrikarbeiter oder Arzt bleibt. Aber viele Sozial- oder Geisteswissenschaftler, also Forscher von Menschlichem, neigen dazu, sich mit ihrer Forscherrolle zu identifizieren und damit das Menschliche, das sie untersuchen, zu entmenschlichen. Und wenn dieses Menschliche, wie so oft, Menschen sind oder ein Mensch ist, dann kann die Enthumanisierung, die der Forscher sich und seinen ›Subjekten‹ auferlegt, ansteckend sein: angesichts des Prestiges der Wissenschaft und anderer Merkmale unserer Gesellschaft übernehmen sie das Bild, das ihr Erforscher von ihnen hat, und werden so ebenfalls entmenschlicht. Das zu sagen setzt voraus, daß eine sozialwissenschaftliche Auffassung des Individuums wie etwa als Summe seiner Rollen hier ersetzt wird durch einen Begriff, der auf der Unterschei-

7 Dies ist überzeugend (in einer Lacanschen Perspektive) entwickelt in Judith Feher, »On Surrender, Death, and the Sociology of Knowledge«, in: *Human Studies* 7 (1984), S. 211-226.

dung zwischen dem Sozialen und dem Menschlichen, dem empirischen und dem transzendentalen Subjekt fußt.«[8]

Dieser letzte Satz berührt eine der Voraussetzungen der Idee der Hingebung; das aber ist nicht der Grund, warum ich diesen Passus hier zitiert habe. Ich habe ihn angeführt, weil er als eine Provokation aufgefaßt wurde. Ich hatte mein Referat kaum beendet, als ein prominenter Soziologe, noch dazu phänomenologischer Prägung, sichtlich empört, mich fragte, ob ich denn wirklich jemals einem solchen Soziologen begegnet sei. Ich antwortete, sinngemäß, daß die meisten Soziologen, die ich kannte, dem geschilderten Typ nahekamen. Worum es mir hier geht, ist die Verwandtschaft zwischen dieser Reaktion und dem Beharren meines Korrespondenzpartners auf der Meinung, »daß es falsch sein muß«. Im zweiten Beispiel muß Loyalität zur »Familie« bzw. zur Organisation der Soziologen oder das Sicherheitsgefühl, das eine positivistische Denkstruktur geben kann, oder beides den Diskutanten daran gehindert haben, gemäß seiner eigenen Stellung als ein phänomenologisch geformter Denker zu sprechen – als ein Denker, der unter anderen Umständen eine meiner eigenen ganz ähnliche Position hätte einnehmen können. Obwohl die Sätze, die ich zitierte, nur einen sehr kleinen Teil meines Vortrags ausmachten und ganz am Anfang vorkamen, müssen sie bei ihm hängengeblieben sein und eine Reaktion hervorgerufen haben, die eine Beunruhigung verdeckt, die der meinem erstgenannten Gesprächspartner zugeschriebenen sehr ähnelt.

3. Innere und äußere Schwierigkeiten

Ich habe gesagt, daß wir in der Hingebung die alltägliche Welt verlassen und in die Welt eintreten, die uns mit der Notwendigkeit entgegentritt, uns an unserem eigenen Schopf emporzuziehen und dem anderen zu begegnen, der ebenfalls keine andere Wahl hat; es ist eine Welt, in der wir dem Alles-oder-Nichts gegenüberstehen. Diese Schwierigkeit, die der Hingebung inne-

8 Kurt H. Wolff, »Die persönliche Geschichte eines Emigranten«, in: Ilja Srubar (Hg.), *Exil, Wissenschaft, Identität. Die Emigration deutscher Sozialwissenschaftler 1933–1945*, Frankfurt am Main 1988, S. 14 f.

wohnt, verweist auf das Problem der transzendentalen Intersubjektivität, denn, um es zu wiederholen, unser Versuch, uns mit dem anderen zu identifizieren, den anderen zu kennen (ja auch mich mit mir selbst zu identifizieren, mich selbst zu kennen), kann nicht vollständig, sondern nur bis zu einem gewissen Grad gelingen, er kann nicht absolut, sondern nur relativ sein. Diese weniger als vollständige Intersubjektivität kennzeichnet nicht nur das alltägliche Leben, sondern auch die Hingebung, was auch immer ihr Anlaß oder ihr Thema sein möge.

Dies zieht aber eine zweite, im Gegensatz zur ersten ganz äußerliche Schwierigkeit nach sich. Während die erste für die Hingebung des Menschen, für menschliches Wissen und Kennen konstitutiv ist, bringt die zweite nur in Verlegenheit. Sie besteht in meinem Bewußtsein, daß ich nicht mehr tun kann, als nur anzudeuten, was »Hingebung an Karl Mannheim« sein könnte.

4. Mannheim als Lehrer

Um eine Begegnung mit Mannheim zustande zu bringen, muß ich, wie gesagt, mit meiner eigenen Beziehung zu ihm anfangen, weil ich es bin, der das Phänomen, das er war und ist, zu fassen suche, und zwar zusammen mit dem Leser. Inzwischen habe ich (wieder) etwas über »Hingebung« gesagt, und jetzt können wir uns auf die eigentliche Reise machen.

Nachdem ich im Jahr 1930 das Realgymnasium in Darmstadt abgeschlossen hatte, ging ich an die nahegelegene Universität Frankfurt, ohne jedoch zu wissen, was ich studieren wollte, und belegte daher eine Anzahl unterschiedlicher Lehrveranstaltungen. Nach einem oder zwei Semestern sagte mir jemand, ich müsse unbedingt den neuen Professor hören, der gerade aus Heidelberg gekommen war. Als ich, hauptsächlich aus Neugier, in seine Vorlesung ging, war ich unmittelbar fasziniert, vor allem von zwei Dingen (voller Geheimnis sind die Wege Gottes, oder war es die List der Vernunft?): Mannheims ungarischem Akzent und seinen seidenen Hemden. Später, in seinen Seminaren, nachdem ich weit tiefer beeindruckt worden war, fiel mir eine andere Merkwürdigkeit auf: Er konsumierte nicht-angezündete Zigaretten, indem er an ihnen saugte und kaute. Nichts lag mir ferner, als nach den Gründen für seine Erscheinung und seine Gewohnheiten zu fragen. Ich nahm einfach alles auf. Da war eben etwas an Mannheim, das mich faszinierte und mich an seinem Akzent, seinen Hemden, seinem Zigarettenbrei kleben ließ. Heute kommt es mir so vor, als ob es mich auf die Hingebung vorbereitete, das Erlebnis selbst wie auch die begriffliche Formulierung des Erlebnisses. Der Begriff, das Ergebnis, der »Fang«, die Ernte dieser Hingebung an Karl Mannheim ist somit das, was mein Beruf geworden ist. Die Soziologie war das Gebiet, auf dem ich die Idee von Hingebung-und-Begriff entwickelte und über die ich hinausging: Allmählich wurde Mannheim für mich zum Repräsentanten einer unerschrockenen Erforschung überhaupt, die aber in keiner Weise die Existenz des Geheimnisvollen leugnet. Ich erinnere mich, daß ich, als ich bei ihm studierte (1930 bis 1933), mir einbildete, daß er ein geheimer Dichter sei. Es war eine Idee, die mich ergriff. Aber soviel ich weiß, ist der einzige Text von ihm, der einer Dichtung auch nur nahekommt, *Die Dame aus Biarritz* – ein bis vor kurzem noch unveröffentlichtes Stück[9], das Einflüsse Wedekinds, Ibsens und Strindbergs zeigt. In der romantisch-jugendlichen Sehnsucht, die es belebt, wird es ein- oder zweimal poetisch – es reimt sich sogar! Später, sehr viel später bin ich zu der Überzeugung gekommen, daß das Ende seines berühmten Vortrags, mit dem die ganze Diskussion um Mannheim, der »Streit um die Wissenssoziologie«[10], anfing – des Vortrags, den er 1928 auf dem sechsten deutschen Soziologentag in Zürich hielt, »Die Bedeutung der Konkurrenz im Gebiete des Geistigen« –, dem nahekommt, was für mich das Phänomen Karl Mannheim ist. Mit der Befürwortung der soziologischen oder wissenssoziologischen Fragestellung, schreibt er, »soll nicht behauptet werden, daß Geist, Denken nichts anderes sei als Ausdruck, Reflex sozialer Lagerungen, daß es nur kalkulierbare Bedingtheiten und keine im Geiste verankerte Möglichkeit zur ›Freiheit‹ gäbe, sondern nur, daß es auch hier im Gebiete des Geistigen durch Rationalisierung erfaßbare Prozesse gibt und daß es eine falsche Mystik ist, dort, wo noch Erkennbares vorliegt, romantische Verdunkelungen walten zu lassen. Wer das

9 Vgl. jetzt: Karl Mannheim, »Die Dame aus Biarritz. Ein Spiel in vier Szenen«, in: Peter Ludes (Hg.), *Sozialwissenschaften als Kunst*, Konstanz 1997, S. 49-76.

10 Vgl. Volker Meja/Nico Stehr (Hg.), *Der Streit um die Wissenssoziologie*, 2 Bde., Frankfurt am Main 1982.

Irrationale schon dort haben möchte, wo de jure noch die Klarheit und Herbheit des Verstandes walten muß, der hat Angst, dem Geheimnis an seinem wahren Orte ins Auge zu sehen.«[11]

Mannheim hatte sich inzwischen in Deutschland als Soziologe einen gewissen Ruf erworben. Die Lektüre seiner Schriften vor 1928 erlaubt uns, seinen Weg zu verfolgen: vom Budapester »Sonntagskreis«[12] und seinen ersten auf ungarisch geschriebenen Aufsätzen, wie »Seele und Kultur« (1918)[13], seine frühen Arbeiten »Über die Eigenart kultursoziologischer Erkenntnis« und »Eine soziologische Theorie der Kultur und ihrer Erkennbarkeit (Konjunktives und kommunikatives Denken)«[14] und seine Ar-

11 Karl Mannheim, »Die Bedeutung der Konkurrenz im Gebiete des Geistigen« (1928), in: ders., *Wissenssoziologie. Auswahl aus dem Werk*, eingeleitet und hg. von Kurt H. Wolff, Berlin/Neuwied 1964, S. 613. Vgl. auch Kurt H. Wolff, »Introduction: A Reading of Karl Mannheim«, in: *From Karl Mannheim*, hg. und eingeleitet von Kurt H. Wolff, New York 1971, S. XIII, XLV, LVI, und ders., »Karl Mannheim«, in: *Klassiker des soziologischen Denkens*, Bd. 2: *Von Weber bis Mannheim*, hg. von Dirk Käsler, München 1978, S. 288 f.

12 Vgl. David Kettler, *Marxismus und Kultur. Lukács in den ungarischen Revolutionen 1918/1919*, Neuwied/Berlin 1967; ders., »Culture and Revolution«, in: *Telos* 10 (Winter 1971), S. 35-92; Joseph Gabel, »Mannheim et le marxisme hongrois« (1969), in: ders., *Ideologies*, Paris 1974, S. 255-278; ders., »Marxisme hongrois, hungaromarxisme et Ecole de Budapest«, in: ders., *Ideologies II*, Paris 1978, S. 97-126, besonders S. 109 f.; Éva Karádi/Erzsébet Vezér (Hg.), *Georg Lukács, Karl Mannheim und der Sonntagskreis*, aus dem Ungarischen von Albrecht Friedrich, Frankfurt am Main 1985; Mary Gluck, *Georg Lukács and His Generation 1900-1918*, Cambridge, Mass./London 1985; vgl. auch *György Lukács: His Life in Pictures and Documents*, hg. von Éva Fekete und Éva Karádi, Budapest 1981. Photographien von Mannheim zur Zeit des Sonntagskreises (zwei in *György Lukács: His Life in Pictures and Documents*, a.a.O., S. 70, von denen die eine auf dem Einband des Buches von Karádi und Vezér reproduziert ist) und später (erstaunlich, wie wenige veröffentlicht sind) etwa in *Wissenssoziologie* (auf dem Einband) und *From Karl Mannheim* (Titelbild) können dazu beitragen, die hier behandelten Themen »sichtbarer« zu machen.

13 Vgl. Karl Mannheim, »Seele und Kultur« (1918), in: ders., *Wissenssoziologie*, a.a.O., S. 66-84. Ins Deutsche übersetzt von Ernest Manheim.

14 Die beiden Schriften wurden postum veröffentlicht: Karl Mannheim,

beit über die Interpretation[15] bis hin zu seinen bekannteren Abhandlungen: »Historismus« (1924), »Das Problem einer Soziologie des Wissens« (1925) und dem ersten und berühmtesten seiner drei Bücher, *Ideologie und Utopie* (1929). Die beiden anderen, *Mensch und Gesellschaft im Zeitalter des Umbaus* (1935, englisch sehr erweitert 1940), und das postume *Freedom, Power and Democratic Planning* (1950), gehören einer späteren Periode an, der der sozialen Planung. Aber Mannheim selbst klingt durch das ganze Werk, von Ungarn über Deutschland bis nach England.

5. Die Mystik als das Gewissen der Philosophie

Bereits im Jahre 1919 schreibt Karl Mannheim in seiner Besprechung von Ernst Blochs *Geist der Utopie*:

»Es ist wichtig, daß in diesem Buch wieder sichtbar und in heutiger Formulierung bewußt gemacht wird: Es gibt eine unkonstruierbare Frage, zu deren Wesen gehört, daß sie in konkreter Gestalt nie zu erreichen ist, weil sie jedes mit dem Verstand zu verfolgende Anschneiden eines Problems transzendiert, daß sie aber trotzdem gegeben ist, weil sie in jeder großen Metaphysik spürbar erscheint als Lenker der Problembewegung, als die unerschütterliche Sehnsucht, von der schon Platon spricht. Die Existenz dieser unkonstruierbaren Frage erkennt die negative Theologie des Mittelalters, als sie darauf verweist, daß es Dinge gibt, von denen wir keine adäquaten Begriffe haben, ebenso deutet auch der Gedanke der ›coincidentia oppositorum‹ darauf, indem er die Erreichbarkeit des Unerreichbaren jenseits des These-Antithese-Denkens plaziert. Dies keinesfalls Erreichbare versuchen die Bekenntnisse der Mystiker und Ekstatiker mit der Methode des Ausschlusses zur Erscheinung zu bringen; in ihnen ist nur der dorthin führende Weg beschrieben und das, was danach kommt, und an dem zwischen beiden freigelassenen Platz zeichnet sich zumindest der Topos des Unausdrückbaren ab.
Aber nicht nur die Mystik beschäftigt sich mit diesem Unerreichbaren, es war Ausgangspunkt jeder großen Philosophie, ob sie nun fragte, was

Die Strukturen des Denkens, hg. und eingeleitet von David Kettler, Volker Meja und Nico Stehr, Frankfurt am Main 1980.

15 Vgl. Karl Mannheim, »Ideologische und soziologische Interpretation der geistigen Gebilde« (1926), in: ders., *Wissenssoziologie*, a.a.O., S. 388-407.

das Wesen der Welt ist, oder, wer ich bin. Es ist die Tragik der Philosophiegeschichte und häufig auch die einzelner Denker, sich mit der konstruierbaren Frage von der unkonstruierbaren eher zu entfernen, weil man bei Betreten des Pfades der konkreten Formulierung gezwungen ist, die sich aus der Formulierung ergebenden Konsequenzen zu befolgen. Wenn wir noch dort stehen, daß wir die Frage nach dem Wesen der Welt und uns stellen und diese Frage in ihrer Ureinfachheit rein und naiv ist, lebt darin noch das Staunen der Bewunderung, mit der wir uns über uns selbst bewußt werden; wenn aber diese Frage Selbstzweck wird und wir statt dessen nach dem Wesen der Welt fragen, welches Element alle jene Forderungen erfüllt, die aus dem *Begriff* des Wesens folgen, oder wenn wir fragen, wie das Wesen beschaffen sein muß, um erkennbar zu sein, dann haben wir die spontan hervorquellende Verwunderung auf das im vorhinein fertige Begriffsgleis der Lösbarkeit der Probleme verschoben, und die Frage rollt von sich aus weiter, und wir folgen ihr dorthin, wo wir eigentlich gar nichts mehr zu suchen haben. Im Laufe der Problemgeschichte läßt sich beobachten, wie an die Stelle der unbeantwortbaren Fragen solche gleiten, auf die unsere Antwort möglich oder bereits gegeben ist. Die Fragen der Logik und der Erkenntnistheorie lösen die reine Verwunderung ab und lassen den früheren letzten Sinn der Frage vergessen, nur daß sie uns ihre eigenen erreichbaren Antworten vorsetzen. So gerät dann an den Platz unserer Gott und uns selbst suchenden Unruhe die Erkenntnis der Welt und der Dinge.
Die Mystik ist demgegenüber immer das Gewissen der Philosophie, weil sie sie dennoch stets an die letzten Fragen erinnert. Deshalb reagiert der ›Fachphilosoph‹ derart nervös auf sie, er spürt, daß sie ihn an ein altes Versprechen erinnert, welches er nicht erfüllen will. Blochs Buch hat auch diese Bedeutung, daß es diese Forderung gegenüber der heutigen Philosophie wieder lebendig macht. Auch er steht in dieser mystisch-esoterischen historischen Kontinuität, die innerhalb der philosophischen Entwicklung immer die analytische und systematisierende Richtung als lebhaftes Gewissen begleitete.«[16]

Die Verwandtschaft mit dem Zitat aus dem Vortrag über »Die Bedeutung der Konkurrenz im Gebiete des Geistigen« von 1928 ist unverkennbar. Im nachhinein verwundert es nicht, daß ich ihn irgendwie des geheimen Dichtertums verdächtigte. Ich kann mich nicht an bestimmte Einzelheiten erinnern, aber sein Verständnis, das er den Mystikern und Ekstatikern entgegenbrach-

16 Karl Mannheim, »Ernst Bloch: Geist der Utopie«, aus dem Ungarischen von Éva Karádi und Erzsébet Vezér, in: Éva Karádi/Erzsébet Vezér (Hg.), *Georg Lukács, Karl Mannheim und der Sonntagskreis*, a.a.O., S. 254 f.

te, seine Erhebung der Mystik zum Gewissen der Philosophie, seine Betonung der »unkonstruierbaren Frage«, seine Feststellung, daß die Geschichte der Philosophie eine Ersetzung der unkonstruierbaren Frage durch konstruierbare Fragen mit bereitliegenden Antworten kennzeichnet, sei es aus Voreiligkeit, Schwäche, Ungeduld oder dem Bedürfnis, dem Fragen ein Ende zu machen – all das (und mehr) deutet auf eine volle Würdigung des Geheimnisses, gleichzeitig aber auch auf eine Scheu vor dem Bekenntnis und auf den leidenschaftlichen Wunsch hin, im Analysieren so weit zu gehen wie nur möglich, statt das Irrationale schon dort zu haben, »wo de jure noch die Klarheit und Herbheit des Verstandes walten muß«. Daß ich ihn deshalb als Dichter ansah, hatte mit meiner Idee von Dichtung zu jener Zeit zu tun, es war die meines Sturm und Drang, aber die enge Beziehung zwischen Dichtung und Philosophie – nicht unbedingt der »Fachphilosophie« – ist mir geblieben und ist, wie ich jetzt erkenne, ein wichtiges Element der Idee von Hingebung-und-Begriff.[17]

6. Rilkes erstes Sonett an Orpheus

Es schien, als ob Mannheim eine Ahnung meiner Phantasiererei über ihn hatte, als er mich eines Tages anregte, über das Problem des »Sich-Habens« nachzudenken. Ich verstand nicht, was er damit meinte, und ich erinnere mich, daß er es mir zu erklären versuchte mit dem Hinweis auf die Art, wie jemand sich sieht oder etwa den Begriff seiner Identität ändert. Ich weiß nicht mehr, warum ich es tat, aber ich nahm die Aufgabe, die Mannheim mir gestellt hatte, in Angriff, indem ich Rilkes erstes Sonett an Orpheus las. Ich machte mir Notizen auf der Seite, auf der das Gedicht stand (die einzige, die ich so verunzierte im Band 115 der Insel-Bücherei), so daß es aussah wie ein kleiner heiliger Text, umgeben von Kommentar. Zunächst aber das Sonett:

17 Ich habe versucht, dieser und ähnlichen Beziehungen nachzugehen in: »Exploring Relations between Surrender-and-Catch and Poetry, Sociology, Evil«, in: *Human Studies* 9 (1986), S. 347-364.

»Da stieg ein Baum. O reine Übersteigung!
O Orpheus singt! O hoher Baum im Ohr!
Und alles schwieg. Doch selbst in der Verschweigung
ging neuer Anfang, Wink und Wandlung vor.

Tiere aus Stille drangen aus dem klaren
gelösten Wald von Lager und Genist;
und da ergab sich, daß sie nicht aus List
und nicht aus Angst in sich so leise waren,

sondern aus Hören. Brüllen, Schrei, Geröhr
schien klein in ihren Herzen. Und wo eben
kaum eine Hütte war, dies zu empfangen,

ein Unterschlupf aus dunkelstem Verlangen
mit einem Zugang, dessen Pfosten beben,
da schufst du ihnen Tempel im Gehör.«

Ich kommentierte versuchsweise: »Bezeichnung der Interpretationsart [ich muß im Bann von Mannheims Unterscheidung zwischen *immanenter* und *transzendenter* Interpretation gestanden haben]. Zwar immanent durch die Auslegung; innerhalb der Immanenz aber kommt sie zu der Frage, wieso der Dichter gerade so oder so gesprochen hat. [Das könnte heißen: von immanenter zu transzendenter Interpretation. Später hätte ich gesagt: von intrinsischer zu extrinsischer Interpretation.] Aber nicht so einfach hier: der Dichter untrennbar, so daß auch er immanent. [Am Rand der ersten Strophe:] Wir haben die Empfindung: das Wort selbst. Dieser Satz Überleitung aus dem naiven alltagsdiktierten Betrachten zum Dichtungssinnadäquaten: jenem Raum, in dem das Wort nicht mehr zu vollziehen ist, sondern direkt im Rausch vermittelt. Zu untersuchen wäre 1.) wieso gerade Wort, 2.) warum gerade diese Worte?

[Am Rand der zweiten Strophe:] Warum gerade Tier zu Anfang? Bezeichnend für Rilke! Aber die Lokalisierung dieser Frage erst vorzunehmen.

[Ich machte einen Pfeil von ›Angst‹ zu ›Hören‹.] Weg vom Alltag zum Einfall. (Skizzenhaft!!)

[Nach der dritten Strophe, ›Hütte‹ unterstrichen:] Veränderung des Gegenstands durch den Einfall, demonstriert an dem *eingefallenen* Einfall-Empfangsgerät.

[Längs der letzten beiden Strophen:] Erfahrene Tendenz (nach Erfahrung der Dichtung als Entproblematisierung) zur Entproblematisierung: das ›reine Wort‹ (Platonische Idee – *Wort* muß analysiert werden).

[Am Ende der letzten Zeile des Sonetts:] Was ist mit Gehör gemeint?

[Unter dem Sonett:] Dichtung prinzipielle Entproblematisierung. Dieser Ausdruck ist nur heute schematisch geworden; der Weg dazu ist nicht angezeigt. Aber er ist natürlich via Weg entstanden, eben von der Dichtung her, die es nämlich beim naiven Vollzug entdeckt und bezeichnet hat; erst sehr spät, ja vielleicht überhaupt noch nicht.

[Pfeil von ›Angst‹:] Dieser prinzipiellen Entproblematisierung immer wieder gewiß zu sein, ist der Antrieb Rilkes. Nie hat er sich in der Angst, er hat sich nur im Einfall [zu diesem Wort führt eine Linie von ›Hören. Brüllen, Schrei, Geröhr‹ und ›Hören‹ hat eine Linie zu ›Angst‹], der eben kein Problem mehr zuläßt. Dazu kommt die Form der Angst, die zu namenlos ist, als daß sie es bleiben könnte und infolgedessen durch Metaphern (Tier) und instinktive Analogien (Brüllen, Schrei, Geröhr) objektiviert wird. Dichtung als Entproblematisierung aber nur sinnadäquate Interpretation. Zu beachten ist aber auch die sozial relevante Bedeutung der Dichtung; Weg der Interpretation dahin.«[18]

18 Ich hatte darüber hinaus einen dreiseitigen Entwurf getippt, den ich großsprecherisch »Theoretische Grundlage des Problems des Sich-Habens« nannte. (Ich muß hier leider aus dem Englischen rückübersetzen, da das Original unauffindbar ist.) Er bestand aus drei Teilen: »1. Wie kommt es, daß wir die Frage des Sich-Habens stellen? 2.a. Beispiele von Inhalten des Sich-Habens oder Formen des Sich-Habens. b. Definition des Begriffs des Sich-Habens. 3. Die Beziehung von Sich-Haben und Soziologie«. Ich definierte Sich-Haben als den entscheidenden Punkt, »von dem aus auf das gesamte Phänomen eines gegebenen menschlichen Wesens geblickt werden muß, um soviel wie möglich zu verstehen, wobei ein Leben eine unbestimmte Anzahl von Formen des Sich-Habens (vermutlich in zeitlicher Folge) haben kann«. Und meine zentrale These zur Beziehung von Sich-Haben und Soziologie lautete: »Sich-Haben ist nicht eine immanent psychologische Angelegenheit, sondern hängt von unserem Lebensraum ab, der seinerseits von seiner soziologischen Struktur abhängt.« Ganz abgesehen von irgendeinem Verdienst, das meine »theoretische Grundlage« haben mag, entdecke ich jetzt in der Idee des Sich-Ha-

7. Interpretation von innen und außen her

Es mag der Eindruck entstehen, daß dieser Bericht über meinen Versuch, mit Mannheims Anregung zurechtzukommen, also zu untersuchen, wie verschiedene Individuen »sich haben«, indem ich meiner Versuchung durch Rilkes *Sonette an Orpheus* nachgab, nichts mit meinem Thema, dem Phänomen Karl Mannheim, zu tun hat. Das genaue Gegenteil ist jedoch der Fall: Es ist das Resultat oder ein Teil des Resultats – Fangs, Begriffs – meiner Hingebung an dieses Thema. Zunächst bezeugen meine Anmerkungen und Notizen zu Rilkes Gedicht meine Hingebung an dieses Gedicht und zeigen damit, was ich unter Hingebung an etwas verstehe: in etwas einzutreten und verwandelt daraus herauszukommen. Wie enttäuschend meine Anmerkungen auch sein mögen, so zeigen sie doch, wie eingenommen ich von gewissen Ideen Mannheims zur Interpretation war, besonders von der Unterscheidung zwischen immanenter (von innen) und transzendenter (von außen erfolgender) Interpretation. Von innen her zu interpretieren heißt, das Interpretandum, in unserem Fall einen Text im wörtlichen Sinne, zu untersuchen, ohne dabei wissentlich Ideen einzuführen, die nicht dem Interpretandum selbst entwachsen. Doch müssen wir dazu Wörter gebrauchen, die nicht allein auf diese Gelegenheit gemünzt worden sind, sondern die von außen kommen. Wir müssen Begriffe anwenden, die innerhalb von bestimmten Auffassungen, Hypothesen, Theorien entstanden sind und zu denen wir zu greifen genötigt sind, damit der Text einen Sinn bekommt. Ohne eine derartige, von außen kommende Hilfe können wir nichts erreichen. Im Gegensatz zur Interpretation von innen bedeutet die von außen die Benutzung

bens eine Definition des Vorgängers des Begriffs der »central attitude« (etwa: Grundhaltung), die ich Anfang der vierziger Jahre entwickelte. Beide wollen Begriffe sein, die das Verstehen erleichtern, und deuten somit, in ihren besonderen Formulierungen, auf »Hingebung«. Zur Idee der »central attitude« (und damit zusammenhängenden Ideen) vgl. meinen ersten Aufsatz zur Wissenssoziologie, den ich etwa ein Jahrzehnt nach der inzwischen damals wohl von mir völlig vergessenen »theoretischen Grundlage« schrieb: »The Sociology of Knowledge: Emphasis on an Empirical Attitude« (1943), in: *Beyond the Sociology of Knowledge*, a.a.O., S. 106-131. Vgl. auch »Die Form des Sich-Habens bei Rilke« (1932), in: *Das Unumgängliche*, a.a.O., S. 136-144.

von etwas, das außerhalb des Interpretandums liegt, zum Beispiel einer Theorie, eines Bezugsrahmens oder eines Interesses, das die Aufmerksamkeit des Interpreten zu einer selektiven macht (etwa das Interesse an der Biographie des Autors, seiner Stellung innerhalb einer bestimmten Tradition usw.). Offensichtlich kann eine solche Interpretation aber nicht unternommen werden, es sei denn an einem Interpretandum, das notwendigerweise vorläufig von innen her interpretiert worden sein muß, denn andernfalls würde der Interpret ja gar nicht wissen, was er fragen und ob er außerhalb des Interpretandums auf Antwortsuche gehen soll, und falls ja, wo. Die Unterscheidung zwischen den beiden Interpretationstypen kann also nur relativ sein, da wir für jede der beiden auch die andere benötigen. Trotzdem ist ihre Unterscheidung von großer Wichtigkeit, zumindest im Hinblick auf das Ziel. Die maximale Interpretation von innen ist Hingebung an das Interpretandum, eine Hingebung, wie sie in meiner gewiß weitgehend mißglückten Bemühung, Rilkes Gedicht zu lesen, zutage tritt. Diese Bemühung folgte, um es zu wiederholen, aus der Aufgabe, die Mannheim mir stellte, und sie stand unter dem Einfluß seines Essays über Interpretation, den ich dann viele Jahre später ins Englische übersetzt habe.

8. Diagnose unserer Zeit

Neben dem Problem der Interpretation begann ich mich auch mit dem Phänomen der *Labilisierung* zu befassen. Ich muß diesen Begriff von Mannheim übernommen haben, wahrscheinlich aus einer Vorlesung, denn in seinen Veröffentlichungen bin ich dem Ausdruck bisher noch nicht begegnet. Der Begriff bezieht sich auf das Verschwinden oder die Schwächung einer stabilen Ordnung von Normen, Prinzipien, Führungszielen oder Traditionen, die statt dessen labil geworden sind.[19]

19 Vgl. dazu auch William Butler Yeats' »The Second Coming«:
»Things fall apart; the centre cannot hold;
Mere anarchy is loosed upon the world,
The blood-dimmed tide is loosed, and everywhere
The ceremony of innocence is drowned;
The best lack all conviction, while the worst
Are full of passionate intensity.«

»Labilisierung« kommt Mannheims »Relativismus« sehr nahe. Wie ich erst sehr viel später gemerkt habe, begriff ich dieses Phänomen als eine Herausforderung, der ich durch die Idee von Hingebung-und-Begriff zu begegnen versucht habe und versuche. »Ich, so fühlte ich, hatte gar kein Schema; ich wollte *wissen*«, schrieb ich in »Surrender and Catch« (1950).[20] Eine sehr starke Komponente dieses Wissenswunsches betrifft die Frage, wo wir, die Menschheit, in diesem historischen Augenblick sind. Diese Komponente ist in letzter Zeit unvergleichlich viel wichtiger geworden. Zum ersten Mal in unserer Geschichte sind wir fähig, uns und unseren Planeten zu zerstören, etwas, das bis vor wenigen Jahren nur die nichtmenschliche, unmenschliche Natur vermochte.

Die Labilisierung kennzeichnet unsere Zeit. Die Diagnose unserer Zeit war auch ein lebenslanges Anliegen Mannheims. War die marxistische Diagnose adäquat? Er prüfte sie und wies ihr ihren Platz an, räumte ihr aber kein Monopol ein.[21] Er stand ganz für unerschrockene (und »unerschreckbare«) Erforschung ein. Seine gesamte Wissenssoziologie war diagnostisch, sogar in ihren erkenntnistheoretischen Teilen, in deren Mittelpunkt die Frage stand, wie wir denken und wie wir in unserer Lage denken *sollten*. Betrachten wir zum Beispiel den diagnostischen Charakter des Ideologie-Utopie-Syndroms. Beide, Ideologie und Utopie, sind »seinstranszendent«, doch wäre, wie Mannheim am Ende von *Ideologie und Utopie* schreibt, »der Untergang des Ideologischen« nur für gewisse Gruppen kritisch, während »das Verschwinden des Utopischen« »eine statische Sachlichkeit zustande« brächte, »in der der Mensch selbst zur Sache wird«.[22] Wie ich an anderer Stelle betont habe,

20 »Surrender and Catch« (1950), in: *Surrender and Catch*, a.a.O., S. 9 bis 17, Zitat: S. 9.

21 Vgl. etwa seine Bemerkungen bei dem Seminar über Lukács' *Geschichte und Klassenbewußtsein*, das er 1929 zusammen mit Alfred Weber in Heidelberg hielt: Auszüge in Karádi/Vezér (Hg.), *Georg Lukács, Karl Mannheim und der Sonntagskreis*, a.a.O., S. 298-303. Die Frage nach Mannheims »Marxismus« schürte den »Streit um die Wissenssoziologie«; vgl. dazu – wie bereits erwähnt – Volker Meja/Nico Stehr (Hg.), *Der Streit um die Wissenssoziologie*, a.a.O.

22 Karl Mannheim, *Ideologie und Utopie*, Bonn 1929, S. 249.

»setzt Ideologie einen Gesichtspunkt voraus, dessen Enthüllung oder Entlarvung, die seine Parteilichkeit zeigt, Dinge klärt, den Horizont erweitert und uns im Sinne der Aufklärung reifer macht. [...] Aber dem liegt eine stillschweigende Identifikation von Enthüllung und Abschaffung zugrunde: Solange es keine vollständige ›Seinskongruenz‹ gibt, gibt es Gesichtspunkte, Perspektiven, also auch Ideologien, und die enthüllten werden notwendigerweise von anderen ersetzt. Verglichen mit einem so weitgehenden Verständnis von Ideologie wie es Mannheim hier vorschlägt, ist Utopie eine viel spezifischere Art der Transzendenz: Sie kann verschwinden, ohne das Verschwinden von Gesichtspunkten zu erfordern. Daher ist Mannheims Alternative, das Verschwinden der einen oder der anderen, nach seinen eigenen Begriffen unlogisch. Auf den ersten Blick scheint die richtige Alternative zu lauten: entweder volle Seinskongruenz, also weder Ideologie noch Utopie, oder eine transzendierbare Welt, die somit Ideologien hat und die Möglichkeit der Utopie. Aber da die erste dieser beiden Möglichkeiten in Wirklichkeit keine ist [denn Hingebung kann nur zu einem gewissen Grad erreicht werden; siehe oben, Abschnitt 1], stellt sie sich als eine Fata Morgana heraus und bricht in sich zusammen. Somit bleibt nur die Alternative Ideologie-*und*-Utopie vs. Ideologie-und-*keine*-Utopie, wobei letztere heute aktuell ist, da viele glauben, daß wir zwar genügend Ideologie, aber keine Utopien haben. (Die Idee des ›Endes der Ideologie‹ ist irreführend und tut hier nichts zur Sache, da sie sich nur auf das Ende einer gewissen Ideologie oder gewisser Ideologien bezieht.) Die Erklärung von Mannheims unechter Alternative ist, daß ›Utopie‹ darin als Geist fungiert und ›Ideologie‹ als zu Gesellschaft gehörig betrachtet wird: Wenn er zwischen Geist und Gesellschaft wählen muß, hält er es mit dem Geist. Aber auch in dieser Formulierung ist die Alternative natürlich falsch; hier mag Mannheims ›Ekstase‹ mit ihm durchgegangen sein.«[23]

Die Polarität Geist/Gesellschaft erfuhr im Lauf seines Lebens – was den Stellenwert der beiden Komponenten anbelangt – eine markante Veränderung. Während seiner ungarischen Periode beherrschte der Geist seine Interessen und Tätigkeiten. Das gilt auch für seine in Deutschland verfaßten Schriften, die aber auch schon ein zunehmendes Interesse an sozialen Umständen und Problemen erkennen lassen.[24] In England jedoch galt sein

23 Kurt H. Wolff, »Introduction: A Reading of Karl Mannheim«, in: *From Karl Mannheim*, a.a.O., S. LXVIII f.

24 Vgl. Karl Mannheim, »Zur Problematik der Soziologie in Deutschland« (1929), in: ders., *Wissenssoziologie*, a.a.O., S. 614-624; ders., *Die Gegenwartsaufgaben der Soziologie. Ihre Lehrgestalt*, Tübingen 1932; ders., Besprechung von Stuart R. Rice, *Methods in Social*

Hauptaugenmerk der Rettung der Gesellschaft, der Schaffung einer bejahenswerten Gesellschaft, wie seine in dieser Zeit entstandenen Schriften, besonders die beiden dort geschriebenen Bücher, zeigen. Vermutlich hing dies mit dem Aufkommen des Nationalsozialismus in Deutschland zusammen. Schon 1930 (in »Über das Wesen und die Bedeutung des wirtschaftlichen Erfolgsstrebens. Ein Beitrag zur Wirtschaftssoziologie«[25]) gibt es dafür Anzeichen, »daß Mannheim sich immer ausschließlicher Gedanken über die Rettung der Gesellschaft machen wird, damit der Geist selbst nicht umkomme«.[26] In einer Lage, die ein furchtbarer Schock gewesen sein muß, bezog er sogar die Religion in den Dienst für die »geplante Gesellschaft« ein, ohne meiner Meinung nach damit zu einem »Neokonservativen« oder mit zunehmendem Alter konservativer zu werden. Er wurde zu einer Art soziologischer Berater für »The Moot«, eine Gruppe, unter deren bekanntesten Mitgliedern J. Middleton Murry und T. S. Eliot waren. Eliot schrieb:

»Kein zeitgenössischer Denker hat mein geistiges Leben in dieser Weise mehr bereichert [indem er »mir deutsches Denken soweit zugänglich machte, daß ich damit in Widerspruch kommen konnte«; d. Verf.] als Dr. Mannheim, dem ich, so fühle ich, eine beträchtliche Schuld zolle.«[27]

9. Relativismus

Mannheim ist wiederholt kritisiert worden, weil er (während seiner deutschen Phase) das Problem Relativismus nicht zu lösen vermochte. In seinem ersten Aufsatz zur Wissenssoziologie emp-

Science, in: *American Journal of Sociology* 37 (1932), S. 173-182; ders., »German Sociology« (1918-1933), in: *Politica* 1 (1934), S. 12 bis 33.

25 In: Karl Mannheim, *Wissenssoziologie*, a.a.O., S. 625-687.

26 Kurt H. Wolff, »Introduction: A Reading of Karl Mannheim«, in: *From Karl Mannheim*, a.a.O., S. LX f.

27 Zitiert in: A. P. Simonds, *Karl Mannheim's Sociology of Knowledge*, Oxford 1978, S. 1. Vgl. T. S. Eliot, *Notes towards the Definition of Culture*, New York 1949, Preface. Allgemeiner über »The Moot« siehe Ernest K. Bramsted und Hans Gerth, »A Note on the Work of Karl Mannheim«, in: Karl Mannheim, *Freedom, Power, and Democratic Planning*, hg. von Bramsted und Gerth, New York 1950, S. XIV f.

fand er seine Ideen vermutlich als so bahnbrechend, daß er das Problem einer universalen Wahrheit nicht sah – womöglich hielt er sie für selbstverständlich. »Für alle Fälle«, so schreibt er,

»sei es aber bei dieser Gelegenheit ausgesprochen, daß wir jene Angst, die das gegenwärtige Denken dem Relativismus gegenüber bekundet, nicht teilen können. Das Wort gehört heute bereits zu jenen Schlagworten, die, wenn man sie gegen den Gegner schleudert, die Wirkung haben sollen, ihn ohne weiteres zu vernichten. Uns ist ein ›Relativismus‹, der sich die Sache schwer macht, indem er alle jene Momente, die für die Partialität, Seinsgebundenheit einer jeweils erreichbaren Aussage sprechen, herausarbeitet, lieber, als jener ›Absolutismus‹, der prinzipiell zwar die Absolutheit des eigenen Standortes oder der ›Wahrheit an sich‹ verkündet, de facto aber zumindest genau so partial ist, wie irgendeiner seiner Gegner, und was noch schlimmer ist, in seiner Theorie des Erkennens mit den Problemen der Zeit- und Seinsgebundenheit des konkret vorliegenden Denkens nichts anzufangen weiß, und nicht sieht, wie in die Struktur und Bewegungsformen des Wissens diese Seinsgebundenheit hineinragt.«[28]

Im Jahr 1946 jedoch, wenige Monate vor seinem Tod, schrieb er mir in einem Brief:

»Wenn in meinem Essay Widersprüche und Unvereinbarkeiten sind, so ist daran, glaube ich, nicht so sehr die Tatsache schuld, daß ich sie übersehen habe, sondern weil ich darauf dringe, ein Thema bis an sein Ende zu entwickeln, selbst wenn es gewissen anderen Feststellungen widerspricht. Ich benutze diese Methode, weil ich denke, daß wir in diesem Randgebiet menschlichen Wissens Unvereinbarkeiten nicht verbergen und die Wunden sozusagen verdecken sollten, sondern daß es unsere Pflicht ist, die wunden Punkte im menschlichen Denken auf dieser Stufe zu zeigen.
In unseren empirischen Untersuchungen werden wir der Tatsache gewahr, daß wir die Welt von einer Rolltreppe aus beobachten, einer dynamischen Plattform, und daß deshalb das Bild der Welt sich mit den sich ändernden, von verschiedenen Kulturen geschaffenen Bezugsrahmen verändert [...], daß man nur verschiedene Perspektiven eines Hauses sehen kann und daß es trotzdem Wissen gibt, weil die verschiedenen Perspektiven nicht willkürlich sind. Eine kann von der anderen her verstanden werden. Was wir, ohne jede Schwierigkeit, bezüglich der Apperzeption der sichtbaren Welt zugeben, sollten wir auch bezüglich des Wissens im allgemeinen zugeben.

28 Karl Mannheim, »Das Problem einer Soziologie des Wissens« (1925), in: ders., *Wissenssoziologie*, a.a.O., S. 311, Anm. 1.

Ich hoffe, dies ist verständlich und überzeugt zumindest Sie und Ihr Seminar. Wenn es Widersprüche gibt, sind diese nicht auf meine Kurzsichtigkeit zurückzuführen, sondern auf die Tatsache, daß ich die alte Erkenntnistheorie radikal durchbrechen will, daß mir das aber noch nicht völlig gelungen ist. Aber letzteres ist nicht das Werk eines (einzelnen) Menschen. Ich glaube, unsere ganze Generation wird daran zu arbeiten haben, da nichts offensichtlicher ist, als daß wir auf jedem Gebiet die Idee transzendieren, daß der Geist des Menschen einer absoluten Ratio gleich ist, zugunsten einer Theorie, daß wir auf Grund wechselnder Bezugsrahmen denken, [und] deren Ausarbeitung eine der aufregendsten Aufgaben der nahen Zukunft ist.«[29]

Mannheim räumt jetzt mögliche »Widersprüche und Unvereinbarkeiten« ein und spricht davon, daß ihre Lösung »nicht das Werk eines (einzelnen) Menschen« sein kann. Das Wesen der Widersprüche wird jedoch nicht verdeutlicht. Ich sehe weniger Widersprüche als das Nichterkennen der Frage, was den »wechselnden Bezugsrahmen« *gemeinsam* ist und ihre gegenseitige Übersetzbarkeit erklären könnte, die uns in die Lage versetzt, alle über »das Haus« zu sprechen. Mir scheint, daß Mannheim zwei wesentliche Elemente jeder Erkenntnistheorie sozusagen »vergißt«: eine objektive äußere Welt einerseits und die Vernunft als eine universale menschliche Gabe andererseits. Daß diese beiden Komponenten in seiner Erkenntnistheorie nicht berücksichtig werden, macht sie hinfällig – und das sollte uns eine Lehre sein.

Dasselbe Defizit kommt in seiner englischen Phase wieder zum Vorschein: in der Unfähigkeit, die Frage zu beantworten, wer die Planer seiner geplanten Gesellschaft plant und wie sie daran gehindert werden können, ihre Macht zu mißbrauchen.[30] Das

29 Brief vom 15. April 1946 an Kurt H. Wolff, abgedruckt in Kurt H. Wolff, »The Sociology of Knowledge and Sociological Theory« (1959), in: ders., *Beyond the Sociology of Knowledge*, a.a.O., S. 205 f. (hier von mir aus dem Englischen übersetzt).

30 Vgl. Karl Mannheim, *Man and Society in an Age of Reconstruction*, New York 1940, bes. S. 74, und ders., *Freedom, Power, and Democratic Planning*, a.a.O. Es wäre interessant, das letztgenannte Buch mit dem im selben Jahr erschienenen *The Lonely Crowd* (deutsch: *Die einsame Masse*, Hamburg 1958) von David Riesman und anderen und mit dem ein Jahr später veröffentlichten *The Social System* von Talcott Parsons zu vergleichen.

heißt, daß es weder in Mannheims noch in unserer eigenen Gesellschaft eine Übereinstimmung gibt, die stark genug wäre, um sie für selbstverständlich zu halten, nämlich daß unsere Begabtheit mit Vernunft eine Konstante ist, die sowohl dem erkenntnistheoretischen wie dem moralischen Relativismus Grenzen setzt; und daß wir diese universale menschliche Gabe ehren müssen, da sie unsere einzige Handhabe ist, um unmittelbar oder in ihren Herleitungen und Übersetzungen mit uns selbst in unserer geschichtlichen Lage und mit unserer Umgebung zurechtzukommen, statt beide zu zerstören. Mannheims lebenslange Arbeit an der Erforschung und Rettung von sowohl Geist als auch Gesellschaft wurde dadurch beeinträchtigt, daß er das Mißtrauen gegenüber der Vernunft und die damit verbundene Entfremdung zwischen Mensch und objektiver Wirklichkeit nicht sah und analysierte; seine Erkenntnistheorie spiegelt dieses Defizit wider.

10. Übersetzbarkeit des »Fangs« (»Begriffs«)

Dies also ist der vorläufige und recht atemlose Fang meiner Hingebung an das Phänomen Karl Mannheim. Es ist meiner und nur meiner. Keine zwei Begriffe »desselben« Phänomens sind identisch. Sie können es nicht sein, weil es keine identischen Sozialisierungen gibt. Da aber ein Sich-Hingeben die ganze Person in Anspruch nimmt, das menschliche Wesen in der Person, und da dieses das allen Fängen oder Begriffen gemeinsame Element ist, sind sie wechselseitig übersetzbar.[31] Eine derartige Übersetzung findet im Dialog statt, indem zwei Individuen miteinander sprechen – im »reinen« Sinn der schlimm mißbrauchten Ausdrücke »Dialog« und »miteinander sprechen«. Ich hoffe, daß diese Überlegungen zu Mannheims Bedeutung für unsere Situation einen möglichen Punkt bilden, von dem aus ein solches Miteinander-Sprechen seinen Anfang nehmen kann.

31 Vgl. Kurt H. Wolff, *Surrender and Catch*, a.a.O., S. 128-132.

Siebter Zugang
Anomie und Wissenssoziologie – bei Durkheim und heute

In bezug auf Karl Mannheim habe ich davon gesprochen, daß mein Zugang zu ihm der persönlichste von allen sei. Inzwischen dürfte klargeworden sein, daß ich »persönlich« nicht im üblichen Sinne verwende, indem ich etwa mehr über mich selbst spreche als an anderen Stellen des Buches. Im Hinblick auf die sich hier entwickelnde Soziologie bezeichnet »persönlich« das *Verschwimmen der Grenze zwischen Subjekt und Objekt*, zwischen Interpret und Interpretandum, zwischen mir und Mannheim. Es wäre ein Mißverständnis, hier von Vorurteil, Voreingenommenheit, Willkür oder einem Mangel an Gültigkeit zu sprechen. Es ist kaum etwas Willkürliches in der Begegnung mit dem Phänomen Karl Mannheim: Hingebung ist das Gegenteil von Willkür, denn sie ist notwendig. In ihr, um es zu wiederholen, wird eine der überlieferten Ideen, die Trennung von Subjekt und Objekt, aufgehoben. Das ist der »Fang«, der »Begriff«.

Bevor dieser Fang genauer inspiziert werden kann, werden wir uns jedoch noch mit einem weiteren Soziologen beschäftigen, der sowohl der Soziologie wie meinem eigenen Denken Form gab: Emile Durkheim, und, angesichts unserer Krise, vor allem mit seinem wichtigsten Begriff, der Anomie.

1. Anomie und Wissenssoziologie bei Durkheim

Worin besteht die Beziehung zwischen Anomie und Wissenssoziologie bei Durkheim? Als *Begriff* kommt bei ihm nur »Anomie« vor; dennoch hat er Wissenssoziologie praktiziert, vor allem auf den letzten Seiten seiner *Formes élémentaires de la vie religieuse* von 1912. (Der Ausdruck »Wissenssoziologie« erblickte das Licht der Welt nur wenige Jahre später, geprägt vermutlich von Scheler.) Wurde Durkheim zwar die Regellosigkeit bewußt, nicht aber, daß ihm ein wissenssoziologischer Ansatz eine Hilfe bei der Analyse der Anomie hätte sein können – die

Anomie als nur eines von unzähligen geistig-emotionalen Phänomenen, über die man Rechenschaft ablegen kann, indem man auf die Sozialstruktur, in der diese existieren, Bezug nimmt? War er so von moralischen Problemen in Anspruch genommen, daß es ihm gar nicht in den Sinn kam, in der Anomie auch ein kognitives Problem zu sehen? War er tatsächlich ein so leidenschaftlicher Moralist, wie René König ihn beschreibt[1], daß er gar nicht auf die Idee kam, die Verwandtschaft zwischen einer geistigen und einer moralischen Diagnose zu erkennen und zuzugeben, daß die letztere Licht auf die erstere werfen könnte? War er zu sehr eingenommen von der *conscience* als Gewissen und nicht als Bewußtsein; wäre er somit also auch ein Opfer der französischen Sprache? Er operierte mit dem Gedanken einer neuen sozialen Erkenntnistheorie, vor allem bei seinem Versuch, die Kategorien des eingeborenen australischen Denkens sozial abzuleiten, aber er scheint sich nicht der außerordentlichen historischen Bedeutung einer solchen Erkenntnistheorie (die wenig mehr als ein Jahrzehnt später von Mannheim viel weiter getrieben werden sollte[2]) bewußt gewesen zu sein.

Diese Fragen sind keineswegs rhetorisch gemeint, sie kennzeichnen die hier zu entwickelnde Soziologie – nicht aber die Sekundärliteratur, die ich über Durkheim konsultiert habe[3]: Hier

1 Vgl. René König, »Emile Durkheim. Der Soziologe als Moralist«, in: Dirk Käsler (Hg.), *Klassiker des soziologischen Denkens*, Bd. 1: *Von Comte bis Durkheim*, München 1976, S. 312-364, 401-444.

2 Vgl. Karl Mannheim, »Beiträge zur Theorie der Weltanschauungs-Interpretation« (1921-22), in: ders., *Wissenssoziologie*, a.a.O., S. 91 bis 154; ders., »Das Problem einer Soziologie des Wissens« (1925), in: ebd., S. 308-387; ders., »Wissenssoziologie« (1931), in: ders., *Ideologie und Utopie*, Frankfurt am Main 1952, S. 227-267; Brief an Kurt H. Wolff (1946), abgedruckt in Kurt H. Wolff, *The Sociology of Knowledge and Sociological Theory*, a.a.O.

3 Vgl. Talcott Parsons, *The Structure of Social Action*, New York 1937, Kapitel 8-11; H. Otto Dahlke, »The Sociology of Knowledge«, in: Harry Elmer Barnes/Howard Becker/Frances Bennett Becker (Hg.), *Contemporary Social Theory*, New York 1940, S. 66-71; Claude Lévi-Strauss, »French Sociology«, in: Georges Gurvitch/Wilbert E. Moore (Hg.), *Twentieth Century Sociology*, New York 1945, S. 503-535; Lewis A. Coser, »Emile Durkheim, 1858-1917«, in: ders., *Masters of Sociological Thought*, New York 1971, S. 129-174; Anthony Giddens, *Capitalism and Modern Social Theory*, Bd. 2, Cambridge 1971; ders.,

ist der Autor mehr in Anspruch genommen, er ist ungleich stärker einbezogen als in traditionelleren Studien, in denen er eher nur Beobachtungen an einem Objekt macht, es analysiert, statt mit einem anderen Subjekt in Wechselwirkung zu treten.[4]

2. Durkheim und Anomie

Wenn ich an uns in dieser Zeit denke – und es fällt mir schwer, nicht an uns Menschen in dieser Zeit zu denken: der Gedanke ist ein *basso continuo,* ein immerwährender tiefer Ton –, dann kann ich nicht umhin, zu empfinden, daß alle früheren Generationen im Vergleich zu der unsrigen geradezu unvorstellbar unschuldig waren. Vor unserer Zeit war die Vernichtung der Erde und damit auch von uns selbst das Monopol der nichtmenschlichen Natur bzw. Gottes. Im Zuge unserer Erforschung und Ausbeutung der nichtmenschlichen Natur ist es uns jedoch gelungen, dieses Mo-

Studies in Social and Political Theory, New York 1977, Kap. 6-9; Steven Lukes, *Emile Durkheim: His Life and Work*, London 1973; René König, *Emile Durkheim*, a.a.O.; Edward A. Tiryakian, »Emile Durkheim«, in: Tom Bottomore/Robert Nisbet (Hg.), *A History of Sociological Analysis*, New York 1978, S. 187-236; Jürgen Habermas, *Theorie des kommunikativen Handelns*, Bd. 2, Frankfurt am Main 1981; Donald N. Levine, »Emile Durkheim: Universalist Manqué«, in: ders., *The Flight from Ambiguity*, Chicago 1985, S. 55-72.

4 Vgl. die zunehmende Explizierung in meinen folgenden Schriften: »Vilfredo Pareto« (1941), in: ders., *Trying Sociology*, New York u. a. 1974, S. 5-16; »Introduction«, in: Kurt H. Wolff (Hg.), *The Sociology of Georg Simmel*, Glencoe, Ill. 1950, S. XVII-LXIV; »The Challenge of Durkheim and Simmel« (1958), in: *Trying Sociology*, a.a.O., S. 17 bis 28; »Ernst Grünwald and the Sociology of Knowledge« (1965), in: *Beyond the Sociology of Knowledge*, a.a.O., S. 236-253; »Georg Simmel« (1968), in: *Trying Sociology*, a.a.O., S. 29-42; »Introduction: A Reading of Karl Mannheim«, in: *From Karl Mannheim*, a.a.O., S. XI-CXI; »Karl Mannheim«, in: Dirk Käsler (Hg.), *Klassiker des soziologischen Denkens*, Bd. 2: *Von Weber bis Mannheim*, München 1978, S. 287-387, 489-497, 545-565; »Karl Mannheim: An Intellectual Itinerary«, in: *Society* 21 (1984), S. 71-74; »Ein Zugang zu Simmel«, in: Heinz-Jürgen Dahme/Otthein Rammstedt (Hg.), *Georg Simmel und die Moderne*, Frankfurt am Main 1984, S. 174-177; »Versuch zu einem Karl Wolfskehl«, in: *Almanach* 1986, Darmstadt 1986, S. 32-39.

nopol in eine Macht zu verwandeln, die wir jetzt mit der nichtmenschlichen Natur teilen.

Da wir Körper haben oder sind und somit Raum besetzen und Bedürfnisse haben, sind wir (um es zu wiederholen) schon immer ein Teil der nichtmenschlichen Natur, haben wir schon immer Merkmale mit anderen Tieren, Pflanzen und Unorganischem gemeinsam: Wir sind nur teilweise menschlich. Neu, bisher noch unverständlich neu ist, daß unsere menschliche, unsere ausschließlich menschliche Fähigkeit, die uns unter vielem anderen ermöglichte, die Wissenschaft zu erschaffen, das Gleichgewicht zerstört hat; die menschlich-nichtmenschliche Synthese, die wir sind, ist nun auf ihrer nichtmenschlichen Seite überladen, und so verfügen wir in einem noch nie dagewesenen Maße über nichtmenschliche Macht. Es ist ein betäubender Fall von Dialektik, daß wir zu Lehrlingen unserer eigenen Zauberei geworden sind.[5]

Was also heißt Anomie heute? Durkheims Vorstellungen darüber können kaum mehr als ein mildes, wenn auch unheilverkündendes Vorspiel sein. Durkheim wandte den Terminus auf das Frankreich seiner Zeit an. Er bezog ihn auf die zügellose Arbeitsteilung, ein Kennzeichen der sich entfaltenden Industriegesellschaft. Er kann diesen Umstand nicht für allzu bedrohlich gehalten haben – sonst hätte er die Arbeitsteilung wohl kaum als eine »organische« bezeichnet. Andererseits zeigte er sich von den Folgen dieser übertriebenen Arbeitsteilung durchaus beunruhigt – wie seine Arbeit über den Selbstmord verrät.

Im Vergleich mit unserer eigenen Situation erscheint er jedoch nur als einer von zahlreichen Denkern, die zwischen der Mitte des 19. und der Mitte des 20. Jahrhunderts versuchten, mit der Industrialisierung dadurch fertig zu werden, daß sie den Typ der sich industrialisierenden Gesellschaft, in der sie lebten, einem vorindustriellen Typus gegenüberstellten.[6] Verglichen mit dem

5 »Herr, die Not ist groß!
Die ich rief, die Geister
werd ich nun nicht los.«
(Goethe, »Der Zauberlehrling«)

6 Unter diesen Dichotomien sind Henry Maines »status« und »contract« (1861), Spencers »military« und »industrial«, Tönnies' »Gemeinschaft« und »Gesellschaft« (1887), Howard Beckers »sacred« und »secular« (1930), Ralph Lintons »universals« und »alternatives«

nur sechs Jahre jüngeren Max Weber, erscheint Durkheim sehr viel weniger asketisch und viel weniger explosiv. Er nahm an der Politik seiner Zeit teil, wie seine Schriften über Moralität und Erziehung bezeugen, besonders aber die zur Soziologie, die er nicht nur theoretisch verteidigte, sondern auch als akademische Disziplin durchzusetzen vermochte. Im Vergleich dazu äußerte sich Webers leidenschaftliches politisches Interesse mehr in der Tagespresse als in weitreichenden Überlegungen zur Erziehung und der moralischen Kräftigung seiner Gesellschaft.

3. Ein Treffen mit Durkheim

Der »soziologische Zugang zur Geschichte der Soziologie« zielt darauf ab, den jeweiligen Wissenschaftler resp. die Wissenschaftlerin mit der Gesellschaft in Zusammenhang zu bringen, in der er lebt, und nachzuvollziehen, warum dieser Soziologe die Welt in dieser seiner Weise sieht. Dies macht es erforderlich, dem Soziologen zu »begegnen«, wie ich schon im Falle Mannheims sagte und es dort auch versuchte. Was bedeutet eine solche Begegnung? Was heißt es, einer anderen Person zu begegnen, selbst wenn diese Person nicht mehr lebt? Die Frage ist nicht nur eine, die die Theorie der Intersubjektivität betrifft, wie Husserl und Schütz sie formulieren[7]: Ich spreche von dem *Erlebnis* der Begegnung, und so kann ich nur für mich selbst sprechen. Ich bin jetzt auf meinem Weg zu Durkheim, auf einem der Wege zu ihm, über die ich womöglich verfüge. Ich habe das Gefühl, daß der Wunsch, ihn zu treffen, durch die Hoffnung, aus dem Treffen *geläutert* hervorzugehen, motiviert ist. Geläutert, reingewaschen wovon? Von Ignoranz, Unsicherheit und Verwirrung, so daß aus der »Anwendung« (Gadamer[8]) des Phänomens Emile Durkheim zuverlässiges, sicheres Wissen erwächst.

(1936), Robert Redfields »folk« und »urban« (1947); vgl. Kurt H. Wolff, »Some Considerations Preliminary to the Study of Social Change« (1963), in: ders., *Trying Sociology*, a.a.O., S. 74-84.

7 Vgl. Edmund Husserl, *Cartesianische Meditationen und Pariser Vorträge*, a.a.O.; Alfred Schütz, »The Problem of Transcendental Intersubjectivity in Husserl« (1957), in: *CP* III, S. 51-84.

8 Vgl. Hans-Georg Gadamer, *Wahrheit und Methode*, Tübingen 1960, S. 290 ff.

Und da es sich um eine Begegnung handelt, werde nicht nur ich geläutert, sondern auch der andere. Wenn der andere am Leben ist, ändern wir uns beide in typisch ähnlicher Weise, indem wir neue Einsichten, Verständnisse und Gefühle entwickeln (die für uns beide natürlich nicht dieselben sein müssen). Was aber könnte »geläutert« heißen, wenn der andere nicht mehr lebt?

Es muß bedeuten, daß in der Begegnung, aufgrund der Begegnung, ein oder mehrere neue Aspekte des anderen oder auch bekannte Aspekte, die aber in ein neues Licht gerückt werden, ins Blickfeld gelangen; »läutern« bedeutet also einen Zusatz in der Anzahl und in den Arten von Aspekten, unter denen der andere gesehen, verstanden, eingeschätzt wird, einschließlich der Möglichkeit, daß der andere, für wie lange auch immer, aufgegeben werden muß.

Wann aber können wir sagen, daß wir einer Person in dieser Weise begegnet sind? Ich halte diese Frage für eine pragmatische, das heißt für eine Frage, auf die die Antwort von der Art und dem Grad unseres Wunsches, »aus der Begegnung *geläutert* hervorzugehen«, abhängt. Mir geht es hier um die Konzentration auf Anomie und Wissenssoziologie, was etwas ganz anderes ist, als Durkheim ohne jegliches eingegrenzte Interesse begegnen zu wollen, das heißt alle überlieferten Vorstellungen über ihn und Erwartungen an ihn aufheben und einklammern zu wollen – kurzum, sich ihm hinzugeben.

Gemessen daran ist mein Wunsch begrenzter. (Die Grenzen meines Wunsches sind natürlich auch bedingt durch die mir dafür zur Verfügung stehende Zeit und meine relative Unkenntnis, die durch mein schlechtes Gedächtnis noch verschlimmert wird.)

4. »Anomie« bei Durkheim

Ich beginne mit der Anomie. In der griechischen Antike, als die Wurzel des Wortes *anomos* = »gesetzlos« im Sinne von »norm- und lenkungslos« geprägt wurde, bezog dieser Begriff sich auf drei Hauptideen: Unmenschlichkeit, Pietätlosigkeit und Ungerechtigkeit. Dies berichtet Marco Orrù[9], der zusammen mit

9 Vgl. Marco Orrù, »Anomie and Social Theory in Ancient Greece«, in: *European Journal of Sociology* 26 (1985), S. 3-28; vgl. auch ders.,

Philippe Besnard[10] einer der gründlichsten zeitgenössischen Anomieforscher ist. Für Besnard ist die heutige Verwendung des Begriffs »Anomie« ein »Zeichen der beruflichen Mitgliedschaft« in der Gemeinde der Soziologen: »[W]enn es sich um Anomie handelt, [muß es] Soziologie sein.«[11] Es mag sein, daß in der Soziologie keinem anderen griechischen Wort soviel Aufmerksamkeit geschenkt worden ist wie dem Wort Anomie, und es mag auch sein, daß – zumindest in Frankreich – sein Gebrauch die Zugehörigkeit zur Zunft der Soziologen signalisiert. Es ist jedoch anzunehmen, daß es für diese einzigartige Faszination noch andere Gründe gibt.

Vielleicht erinnern das Wort und sein Sinn an etwas, das Soziologen aufgrund ihres Gespürs für Zeitströmungen aufhorchen läßt. Es wird vermutet, daß Durkheim den Begriff von Guyau[12] entlehnt. Aber es scheint mir vorschnell, andere Einflüsse auszuschließen, als ob es nicht so etwas gäbe wie die öffentliche Meinung, den Geist der Zeit oder das »kollektive Bewußtsein«, die die Verbreitung dieses Wortes gefördert haben könnten, dessen Wirkung unter Umständen die eines »Erkenntnisschocks« war. In der Tat vermute ich eine derartige Reaktion sowohl bei Durkheim wie auch bei uns selbst. Für Durkheim jedenfalls war Anomie nicht so sehr ein Problem der Soziologie als vielmehr der Gesellschaft, weniger ein soziologisches als ein soziales Problem, und wenn wir als Soziologen eher die Gesellschaft als die Soziologie studieren, so muß Anomie auch für uns ein Problem der Gesellschaft, unserer Gesellschaft sein. Durkheim war um sein Frankreich besorgt[13], wir sind oder sollten um die ganze

»Anomie and Reason in the English Renaissance«, in: *Journal of the History of Ideas* 47 (1986), S. 177-196; ders., *Anomie: History and Meaning*, Boston 1987; ders., »Weber on Anomie«, in: *Sociological Forum* (1989), S. 263-270.

10 Vgl. Philippe Besnard, *L'anomie. Ses usages et ses fonctions dans la discipline sociologique depuis Durkheim*, Paris 1987. Vgl. auch Stjepan Meštrović/Hélène M. Brown, »Durkheim's Concept of Anomie as Dérèglement«, in: *Social Problems* 33 (1985), S. 81-99.

11 Philippe Besnard, *L'anomie*, a.a.O., S. 10 f.

12 Vgl. Marco Orrù, »The Ethics of Anomie: Jean Marie Guyau and Emile Durkheim«, in: *The British Journal of Sociology* 34 (1983), S. 499-518; vgl. Anthony Giddens, *Capitalism and Modern Social Theory*, a.a.O., S. 80, Anm. 62.

13 Vgl. Henri Peyre, »Durkheim: The Man, His Time, and His Intellec-

Menschheit besorgt sein, und wir sollten uns unsere Sorge klar vor Augen halten. Ich nehme an, daß Durkheim, bei aller nationalen Begeisterung, die ihm eigen war[14], unser Besorgtsein teilen würde.

Was verstand er selbst unter Anomie? Ein längeres Zitat aus Besnards informativem Buch gibt eine Antwort:

»Das Wort ›Anomie‹ kommt verhältnismäßig selten in Durkheims Werk vor. Mit einer gewissen Häufigkeit erscheint es nur in *La division du travail social* (1893), im zweiten, 1901 geschriebenen Vorwort zu diesem Buch sowie in *Le suicide* (1897). In Durkheims anderen Schriften kommt der Terminus praktisch überhaupt nicht vor. Außer seiner Anwendung in bezug auf Guyau [...] stoßen wir in seiner Besprechung eines Buches von Westermarck auf den Ausdruck ›sexuelle Anomie‹, den er im Sinne ›einer völligen Abwesenheit jeder Heiratsregelung ..., dank deren Männer und Frauen zusammenkommen, wie es ihnen gefällt ...‹, gebraucht. Das Wort ›Anomie‹ erscheint auch nicht in den Lehrveranstaltungen jener Zeit, als er *Le suicide* schrieb *(Le socialisme)*, oder kurz danach *(L'éducation morale. Leçons de sociologie)*. Man kann höchstens im letzteren Kurs[15] einen ›anomischen Zustand‹ antreffen. Aber in der Entwicklung des Themas in diesen Kursen finden sich viele Äquivalente: anarchischer Zustand, ungeregelter Zustand, Desorganisation, Unendlichkeitskrankheit oder, in *Le socialisme*, ›Zustand der Unregelung, des Aufbrausens, manischer Agitation‹ [...] Von 1902 an verschwindet das Wort vollständig aus Durkheims Arbeiten, das Thema wird zweitrangig. [...] Durkheim gebraucht das Wort also sehr vorsichtig, sogar in *Le suicide*, wo er es am häufigsten benutzt. Seit seinem ersten Auftreten wird es von einer Art Übersetzung begleitet: ›Zustand der Unregelung oder der *Anomie*‹, [...] ›Zustand der Krise und der Anomie‹ [...]. Er zieht das Adjektiv (anomischer Selbstmord) dem Substantiv vor, und als Substantiv spezifiziert er es im allgemeinen als eine der Modalitäten der

tual Background«, in: Kurt H. Wolff (Hg.), *Emile Durkheim, 1858-1917: A Collection of Essays, with Translations and a Bibliography*, Columbus, Ohio 1960, S. 3-31; René König, *Emile Durkheim*, a.a.O., Steven Lukes, *Emile Durkheim*, a.a.O.; Edward A. Tiryakian, *Emile Durkheim*, a.a.O.

14 Vgl. Emile Durkheim, *Qui a voulu la guerre?*, Paris 1915; ders., *L'Allemagne au-dessus de tout. La mentalité allemande et la guerre*, Paris 1915. (Deutsch: *Über Deutschland. Texte aus den Jahren 1887–1915*, hg. von F. Schultheis und A. Gipper, Konstanz 1996.)

15 Vgl. Emile Durkheim, *Leçons de sociologie. Physique des mœurs et du droit*, Paris 1950 (deutsch: *Physik der Sitten und des Rechts. Vorlesungen zur Soziologie der Moral*, Frankfurt am Main 1991).

Anomie, als ökonomische, häusliche, eheliche, sexuelle Anomie [...] Das Substantiv ›Anomie‹, das nicht von einem Äquivalent oder einer Spezifizierung begleitet wird, ist also eine Seltenheit bei Durkheim, sogar in *Le suicide.* Dies ist vielleicht Zeichen einer Unsicherheit in bezug auf die genaue Bedeutung des Wortes.«[16]

Wahrscheinlich bedeutete es all die erwähnten Dinge, je nach dem Zusammenhang, in dem Durkheim schrieb und empfand. Aber auch wenn dem so ist, beweist dies nicht, daß sie nicht alle etwas gemein haben, daß das Wort nicht eine Grundbedeutung hat, daß es unmöglich ist, das, was das Wesen der Anomie sein könnte, zu entdecken. Die Frage ist nicht nur, warum Durkheim nicht eine solche Grundbedeutung entdeckte, sondern vielmehr, warum er womöglich gar nicht die Absicht hatte, nach einer solchen zu suchen?

5. Wissenssoziologie: Durkheim, Scheler, Mannheim

Um dieser Frage nachzugehen, wende ich mich an die Wissenssoziologie. Es geht mit anderen Worten darum, einen soziologischen Ansatz auf geistig-emotionale Phänomene anzuwenden. Am offensichtlichsten folgt Durkheim einer wissenssoziologischen Vorgehensweise in *Die elementaren Formen des religiösen Lebens,* wo er in seiner soziologischen Leidenschaft den sozialen Ursprung sogar unserer Denkkategorien behauptet[17], während er, scheinbar nebenbei, auch feststellt, daß »die menschlichen Denkkategorien niemals in einer bestimmten Form festgelegt [sind]. Sie entstehen, vergehen, und entstehen ständig neu; sie wechseln nach Ort und Zeit«.[18] Er scheint sich nicht darüber im klaren gewesen zu sein, daß er damit einen erkenntnistheoretischen, kulturellen und historischen Relativismus vertrat. Die

16 Besnard, *L'anomie*, a.a.O., S. 26 f.

17 Vgl. Emile Durkheim, *Die elementaren Formen des religiösen Lebens* (1912), Frankfurt am Main 1981; Emile Durkheim/Marcel Mauss, »De quelques formes primitives de classification«, in: *L'année sociologique* (1903); deutsch in: M. Mauss, *Soziologie und Anthropologie*, Bd. 1, München 1974.

18 Emile Durkheim, *Die elementaren Formen des religiösen Lebens*, a.a.O., S. 35.

beiden allgemein als die Gründer der Wissenssoziologie angesehenen Denker, Max Scheler und Karl Mannheim, waren sich dagegen des Problems des Relativismus und der dadurch ihrer Wissenssoziologie gestellten Aufgabe sehr bewußt.[19] Auf Mannheim trifft dies vermutlich noch mehr zu als auf Scheler. So heißt es bei Karl Mannheim:

»Nicht dort wollen wir [...] ansetzen, wo der systematische Anfang dieser Überlegungen vermutlich liegt [...]. Ganz im Gegenteil müssen wir hier gleich am Anfang gerade auf jenen Punkt hinweisen, von wo aus alles übrige erst verstehbar ist und im Nacherleben erreichbar wird. Jene Lebensverlegenheit, aus der alle unsere Fragen aufsteigen, ist zusammenfaßbar in der einzigen Frage: Wie kann der Mensch in einer Zeit, in der das Problem der Ideologie und Utopie einmal radikal gestellt und zu Ende gedacht wird, überhaupt noch denken und leben?«[20]

Vier Jahre zuvor hatte Mannheim nach den Ursprüngen der Wissenssoziologie gefragt. »Hierbei bedarf es aber«, schrieb er, »nicht nur einer kompendienhaften Orientierung über vorhandene Strömungen und Richtungen, sondern einer möglichst radikalen *strukturellen Analyse der möglichen Problemstellungen der Epoche*, einer Analyse, die nicht nur den Außenstehenden über den Stand einer Frage orientiert, sondern aus der geistigen Werkstattarbeit heraus *die letzten Alternativen* und Spannungen hervorhebt, in denen man lebt, an denen man sich im Denken bewußt oder unbewußt orientiert und die gerade deshalb zugleich auch die letzte Charakteristik der geistigen Lage enthalten.

Fragt man sich nun in diesem Sinne, *welche die letzten grundlegenden Faktoren sind, die in jene Konstellation hineinspielen, aus der das Problem einer Soziologie des Denkens* in der Gegenwart mit Notwendigkeit erwächst, so möchten wir die Aufmerksamkeit auf folgende *vier Momente* lenken«[21]: 1. »die *Selbsttranszendierung und Selbstrelativierung des Denkens*«, das heißt die Einsicht, daß Denken nicht autonom ist, sondern »anderen um-

19 Vgl. Max Scheler, »Probleme einer Soziologie des Wissens«, a.a.O.; Karl Mannheim, »Das Problem einer Soziologie des Wissens«, a.a.O.; Kurt H. Wolff, »The Sociology of Knowledge and Surrender-and-Catch« (1982), in: ders., *Beyond the Sociology of Knowledge*, a.a.O., S. 261-263; vgl. auch hier den vierten und sechsten Zugang.
20 Karl Mannheim, *Ideologie und Utopie*, Bonn 1929, S. 3.
21 Karl Mannheim, »Das Problem einer Soziologie des Wissens« (1925), in: ders., *Wissenssoziologie*, a.a.O., S. 311.

fassenderen Faktoren« untersteht; 2. das »enthüllende Bewußtsein«; 3. eine Relativierung auf das Soziale hin; 4. das Ziel, nicht gewisse Gedanken, sondern das Gesamtdenken »auf das dahinterstehende soziale Sein« zu beziehen.[22]

Mannheim suchte also danach, was die Entstehung der Wissenssoziologie aus seiner Zeit heraus erklären könnte, das, woraus sie »mit Notwendigkeit erwächst« – und er glaubte es gefunden zu haben. Falls er den Terminus »Anomie« überhaupt gebrauchte, so sicherlich nicht als grundlegenden Begriff oder als *terminus technicus*. Während der Jahre, in denen sein Hauptinteresse der Wissenssoziologie galt, kümmerte er sich weniger um Definitionen als um die Fundierung des neuen Unternehmens, und dies vor allem mittels empirischer Studien wie die über den Historismus oder das konservative Denken.[23] In dieser Hinsicht ähnelt sein Verhältnis zur Wissenssoziologie demjenigen Durkheims zur Soziologie im allgemeinen.

Um es zu wiederholen: Durkheim haben die vielen Bedeutungen von »Anomie« offenbar nicht derart beunruhigt, daß er sich auf die Suche nach ihrem Generalnenner gemacht hätte. Verliehen ihm vielleicht seine moralische Stärke und auch der Eifer, mit dem er Soziologie als Universitätsfach einzuführen versuchte, jene Standhaftigkeit, die ihn trotz der Krisen, die seine Nation erschütterten – namentlich die Dreyfus-Affäre[24] –, daran hinderte, die Anomie, die ihn umgab, zu *erleben* (man denke im Gegensatz zu ihm an Nietzsche!)? War es diese Distanz, die bewirkte, daß er nicht über die Reformvorschläge zur sozialen Organisation und Erziehung[25] hinausging und sich nicht mit den existentiellen Fragen auseinandersetzte, die von der Wissenssoziologie

22 Vgl. ebd., S. 311-321.

23 Vgl. Karl Mannheim, »Historismus« (1924), in: ders., *Wissenssoziologie*, a.a.O., S. 246-307; ders., *Konservatismus. Ein Beitrag zur Soziologie des Wissens* (1925), hg. von David Kettler, Volker Meja und Nico Stehr, Frankfurt am Main 1984 (die Urfassung von »Das konservative Denken« [1927], in: *Wissenssoziologie*, a.a.O., S. 408-508).

24 Vgl. Steven Lukes, *Emile Durkheim*, a.a.O., S. 332-349.

25 Vgl. Emile Durkheim, »Vorwort zur zweiten Auflage« (1902) von *Über soziale Arbeitsteilung. Studie über die Organisation höherer Gesellschaften* (1893), Frankfurt am Main 1988; ders., *Education et sociologie* [Essays von 1903-1911], hg. und mit einem Vorwort von Paul Fauconnet, Paris 1922; ders., *L'Education morale*, hg. und mit einem Vorwort von Paul Fauconnet, Paris 1925.

aufgeworfen wurden? Hinderte ihn diese Distanz daran, in ihr erkenntnistheoretisches, ja ontologisches Dickicht einzudringen? Neben seiner ihn zweifellos erfüllenden soziologischen Mission muß seine eigene Moralität und Integrität ihm immer als Norm beigestanden haben. Andererseits scheint seine Gesellschaft ihm nicht so desorganisiert vorgekommen zu sein, als daß sie den Grad von Unsicherheit, Verwirrung und Ungewißheit hätte hervorbringen können, der sowohl Scheler als auch Mannheim, obgleich in ganz unterschiedlicher Weise, daran hinderte, eine Theorie zur Überwindung des Relativismus zu entwickeln.

Diese Hypothese mag an Überzeugungskraft gewinnen, wenn wir bedenken, daß Durkheim zu einer Zeit lebte, in der es keinen Totalitarismus, keine Atombombe und keine Massenvernichtung von Menschen als »Dingen« gab (wie unschuldig erscheint er mit seiner Regel, soziale Tatsachen als »Dinge« innerhalb der »organischen« Gesellschaft zu studieren!)[26] – zu einer Zeit, die viele von uns, besonders die Jüngeren, sich kaum mehr vorstellen können. Mannheim kannte natürlich den Totalitarismus, er lebte noch, als Hiroshima und Nagasaki zerstört wurden, aber mir ist keine Reaktion von ihm auf diese Ereignisse bekannt. Seit Hitler galt sein ganzes Interesse der geplanten Gesellschaft, die es unmöglich machen würde, daß der Totalitarismus je wieder an die Macht gelangen könnte.[27]

Wenn wir versuchen, aus der Perspektive ihrer jeweiligen Zeit heraus zu denken, so scheint es, daß für Durkheim die Soziologie und für Mannheim die Wissenssoziologie die Antwort auf die Anomie waren. Auch unterschieden sich die beiden Anomien, die sie wahrnahmen, ebenso voneinander wie die Kriterien, aufgrund deren sie diese Anomien entdeckten: Für Durkheim lag das Kriterium auf dem Feld der sozialen Organisation, insbeson-

26 Vgl. Emile Durkheim, *Les règles de la méthode sociologique* (1895), dt.: *Die Regeln der soziologischen Methode*, hg. und eingeleitet von René König, Darmstadt/Neuwied, 6. Auflage 1980, und ders., *Selected Writings on Sociology and Its Method* [Essays von 1895 bis 1917], übersetzt von W. D. Halls, hg. und eingeleitet von Steven Lukes, New York 1982, Kapitel 2.

27 Vgl. Karl Mannheim, *Mensch und Gesellschaft im Zeitalter des Umbaus*, Leiden 1935; ders., *Diagnosis of Our Time: Wartime Essays of a Sociologist*, London 1943; ders., *Freedom, Power, and Democratic Planning*, a.a.O.

dere des sozialen Zusammenhalts, für Mannheim auf dem Gebiet der Erkenntnistheorie.

Unter dem Einfluß Mannheims war ich fest davon überzeugt, daß die Wissenssoziologie die Anomie, die ich um mich herum empfand, in jedem Fall würde erklären können. So schrieb ich im Jahre 1953:

»Die Wissenssoziologie ›definiert‹ eine neue ›Situation‹ – *eine* Welt und kulturellen Relativismus – die, *bevor* die Wissenssoziologie sich selbst erkannte oder verwirklichte, nur neu, faszinierend und bedrohlich war. Die Wissenssoziologie mag daher als die Erhellung eines neuen Erlebnisses, das der Mensch gehabt hat und noch hat, bezeichnet werden. Durch sie lernt er, was es heißt, in *einer* Welt zu leben, über den kulturellen Relativismus hinwegzukommen und ein Verständnis seiner selbst als eines [...] sich selbst unausschöpfbar zu seiner eigenen Erforschung herausfordernden Wesens zu erlangen.«[28]

Sechs Jahre später zitierte ich diesen Passus erneut und fügte hinzu: »Die Wissenssoziologie verwandelt eine erschütternde Erfahrung in ein Problem.«[29] Dann aber entstand die Idee der Hingebung, und nach und nach kam ich dazu, zwischen dieser Idee und der Wissenssoziologie eine Verbindung zu sehen. Diese Verbindung kam zustande, indem ich die Idee von Hingebung-und-Begriff als Antwort auf den Relativismus zu verstehen lernte (eine Antwort, die über Scheler und Mannheim hinausging und hinausgeht) und begriff, daß das Kennzeichen der Idee der Hingebung, die sie mit der Wissenssoziologie (unter anderen Zugängen zur Welt) verbindet,

»[d]ie Forderung ist, sich dessen, was historisch geschieht, bewußt zu werden: das Bedürfnis, übernommene Gedanken zu revidieren, und diesem Bedürfnis nachzukommen durch eine Aufhebung und Prüfung so vieler übernommener Gedanken wie irgend menschenmöglich in der Extremsituation der Hingebung [...], wobei der ›Begriff‹ [...] der Ertrag, das Ergebnis, die Ernte der Hingebung ist.«[30]

Wenn in der Soziologie und in der von ihr geprägten sozia-

28 Kurt H. Wolff, »Wissenssoziologie als Wissenschaft vom Menschen« (1953), in: ders., *Versuch zu einer Wissenssoziologie*, Berlin/Neuwied 1968, S. 110.
29 Kurt H. Wolff, »Wissenssoziologie und soziologische Theorie« (1959), in: ders., *Versuch zu einer Wissenssoziologie*, a.a.O., S. 156.
30 Kurt H. Wolff, *Beyond the Sociology of Knowledge*, a.a.O., S. 216.

len Organisation Durkheims Antwort auf die anomische Gesellschaftsstruktur liegt und wenn Mannheim eine erkenntnistheoretische Anomie mit der Wissenssoziologie beantwortet, so ist die Idee von Hingebung-und-Begriff die Reaktion auf unseren möglichen kollektiven Selbstmord und die Zerstörung unseres Planeten.[31]

»Wir können auch sagen, daß die Wissenssoziologie eine Interpretation ihrer Zeit, unserer Zeit, von außen her ist, und die Hingebung eine von innen heraus; die Wissenssoziologie ist [nicht nur] eine solche (soziologische) Interpretation von außen her [, sondern] ruft zu ihr auf und übt sie aus, bedarf aber der Hingebung, um den in ihrer Ausübung begegneten Relativismus zu überwinden, indem sie sich an den Fang, an den Begriff dessen, was allen Menschen gemeinsam, was universal menschlich ist, erinnert, es wiederentdeckt, es neu erfindet.«[32]

6. Was Durkheim befürwortete und was er vernachlässigte

In meinem Versuch, die Beziehung zwischen Anomie und Wissenssoziologie zu klären, die ich bei Durkheim, und nicht nur bei ihm, vermutete, gab ich mich dieser Aufgabe hin, allerdings innerhalb der Grenzen, die ich anfangs erwähnte. Im Verlauf dieses Prozesses mußte und wollte ich Durkheim begegnen; und was sonst auch das Ergebnis meiner Bemühung sein mag, ich fühle deutlich und hoffe, der Leser fühlt es ebenfalls, daß Durkheim uns als ein mit uns Leidender[33], als ein Mitmensch, nähergekommen ist.

31 Vgl. Judith Feher, »On Surrender, Death, and the Sociology of Knowledge«, in: *Human Studies* 7 (1984), S. 211-226.

32 Kurt H. Wolff, *Beyond the Sociology of Knowledge*, a.a.O., S. 266.

33 In *Emile Durkheim and the Reformation of Sociology*, Totowa 1988, schreibt Stjepan Meštrović, zum Teil aufgrund von Interviews mit Étienne Halphen, Durkheims Enkel, und Pierre Halbwachs, dem Sohn von Maurice Halbwachs, über Durkheim in einem viel spezifischeren Sinn als »einem mit uns Leidenden«, nämlich von seiner »Besessenheit mit Leiden und Unglück [,die] von Soziologen eher ignoriert wird« (S. 2). Vgl. auch Emile Durkheim, »Le dualisme de la nature humaine et ses conditions sociales«, in: *Scientia* XV (1914), S. 206-221. Siehe auch Jerrold Seigel, »Autonomy and Personality in

Und das ist gut, weil es die Diskontinuität überwindet, in die uns die Krise zwingt: Wie zuvor bei Max Weber, Max Scheler, Alfred Schütz und Karl Mannheim versuchte ich auch hier, die Erfahrung meiner eigenen Gesellschaft auf das anzuwenden, was ich aus der Lektüre dieser Denker über die *Kontinuität* ihrer und meiner eigenen Gesellschaft – zwei Phasen derselben Gesellschaft – lernen kann. Das ist gleichbedeutend mit dem, was ich im dritten Zugang als soziologische Geschichte der Soziologie bezeichnet habe. Dies bringt drei weitere Kontinuitäten mit sich: die Übersetzbarkeit des Bezugsrahmens des Interpretandums in den des Interpreten, das Erinnern oder Begreifen der Soziologie selbst und – am wichtigsten – die Kontinuität dessen, was alle Menschen guten Willens vereint: der unbeugsame Wille zu einer guten Gesellschaft, der uns vereinen kann, damit wir am Leben bleiben.

Doch zurück zu Durkheim: Was hat er befürwortet, und was hat er vernachlässigt? Er befürwortete eine bessere Gesellschaft als die, die er um sich sah, mit ihrer Anomie und ihren erhöhten Selbstmordziffern. Er befürwortete auch eine Soziologie, die – weil sie wissenschaftlich war und daher eine zuverlässigere Anweisung zur Verbesserung der Gesellschaft geben konnte als jede andere Vorgehensweise – bei dieser Verbesserung eine zentrale Rolle spielen würde. (In der Tat ist *Le suicide* eines der überzeugendsten Dokumente zugunsten der Soziologie selbst, da keine andere Wissenschaft Selbstmord*ziffern* untersucht.[34]) Aber in seinem Engagement für die Soziologie wurde er ihrem Gegenstand nicht gerecht; in seiner Passion für die Wissenschaft der Soziologie vernachlässigte er wesentliche menschliche Züge zugunsten derer, die Menschen mit Tieren gemein haben; wie die meisten Soziologen beschäftigte er sich nur mit Typen von Menschen (die sich zum Beispiel in Ziffern summieren lassen), nicht mit einzelnen Menschen in ihrer Einmaligkeit. (Alfred Schütz war demgegenüber ein Soziologe, der, anders als Durkheim, in einen Konflikt zwischen Typ und unverwechselbarem Individuum geriet, auch wenn er sich dessen, wie wir vermuteten, nicht völlig bewußt war.)

Durkheim: An Essay on Content and Method«, in: *Journal of the History of Ideas* 48 (1987), S. 483-507, besonders S. 494-497.

34 Vgl. Emile Durkheim, *Der Selbstmord* (1897), Frankfurt am Main 1983.

7. Stärke und Schwäche der Hingebung

Ich bin mir darüber im klaren, daß diese Diskussion Durkheims nur ein Anfang ist und wie sehr dieser Anfang der Kritik und des Beistandes bedarf. Aber dieser Anfang unterscheidet sich von dem, zu dem ich gegen Ende meiner Betrachtung von »Kunst – heute?« gelangt war. Dort hatte ich geschrieben:

»Ich muß nicht ungebührlich darunter leiden, daß ich unfähig war, mehr bei dieser Gelegenheit zu sagen, als ich fertigbrachte, denn der Anfang, den ich gemacht habe, geht über sich selbst hinaus und wirkt ein auf mein Leben und auf Deines, wer Du auch sein magst.«

Ich konnte es mir leisten, geduldig zu sein, denn ich fühlte mich der Hingebung im Fall der Frage »Kunst – heute?« näher als im Fall von Anomie und Wissenssoziologie bei Durkheim und heute. Das heißt, mein Gefühl, daß ich hier nur einen Anfang gemacht habe, bezieht sich eher auf Durkheim als auf Anomie oder Wissenssoziologie, bei denen ich mehr zu Hause bin als bei Durkheim. Das zeigt an, daß der Grad, in dem jemand sich etwas oder jemandem hingeben kann, unter anderem von der Kenntnis abhängt, die das sich hingebende Individuum von dem hat, dem es sich hingibt, wie auch von der affektiven Beziehung dazu. Und das ist die Schwäche der Stärke der Hingebung als einer Praxis der Soziologie und des Lebens.

Eine Umformung der Zugänge – Von nichts zu Soziologie

1. Fragen zur Soziologie

Die Suche nach einer Antwort auf unsere Grundfrage, wie wir es rechtfertigen können, in dieser Zeit Soziologie zu treiben, hat uns – wie wir gesehen haben – zu einer Umformulierung der Geschichte der Soziologie in »subjektiverer« Weise geführt. Wir haben nachzuvollziehen versucht – unter Bezugnahme auf die Gesellschaft, in der die hier exemplarisch thematisierten Soziologen lebten –, wie und warum diese Soziologen die Welt in ihrer Art sahen, indem wir sie im Zusammenhang mit der Gesellschaft betrachteten, in der sie lebten; mit Blick auf Max Weber, ausführlicher aber an den Beispielen von Scheler, Schütz, Mannheim und Durkheim, wurde eine solche »subjektivere« Soziologiegeschichte allmählich sichtbar. Die Umformulierung wirft jedoch zwei weitere Fragen auf, nämlich die nach den Stärken und Schwächen eines solchen »subjektiveren« Zugangs zur Soziologiegeschichte sowie die nach seiner Bedeutung für den Zugang zur Soziologie überhaupt. Diese beiden Fragen sind so eng miteinander verbunden, daß sie zusammen diskutiert werden sollen.

Eine dritte Frage wäre: Worin besteht die Beziehung zwischen diesem Zugang zur Soziologiegeschichte bzw. zur Soziologie und der vorherrschenden, wenn auch meist unausgesprochenen Auffassung, nach der die Soziologie sich nicht mit Individuen, »wie sie wirklich sind«, abgibt, sondern mit Typen, Idealtypen, Marionetten? Es handelt sich dabei um eine Auffassung, die zuerst von Max Weber vertreten wurde, aber auch – und zwar viel weiter ausgearbeitet – von Alfred Schütz.

Diese vorherrschende Auffassung hat natürlich etwas mit der Gesellschaft zu tun, in der sie enstanden ist und so weite Verbreitung gefunden hat, bis sie für selbstverständlich gehalten wurde. Wenn wir eine solche Verbindung zwischen einer Auffassung und ihrem gesellschaftlichen Umfeld unterstellen, nehmen wir eine soziologische Haltung gegenüber der Soziologie ein und handeln damit wieder im Sinne der Antwort auf die zweite Frage, derjenigen nach der Soziologiegeschichte: Müssen wir Ideen, die wir bei Soziologen finden, in bezug auf ihre Gesellschaft betrachten?

Eine Auffassung von der Soziologie als einem Studium, das sich ausschließlich mit Idealtypen oder Marionetten abgibt, verschweigt ihr entscheidendes Defizit, daß sie nämlich Sinn oder Bedeutung aus ihrer Forschung und Analyse verbannt – mit Ausnahme ihrer eigenen Konstruktion dieses Sinns, mit dem sie ihre Idealtypen ausstattet. Das heißt: Sie ist solipsistisch. Und da sie nicht mit wirklichen Menschen umgeht, kann sie nicht erkennen, was wirkliche Menschen sich selbst und anderen bedeuten oder was für sie der Sinn der Welt oder irgendeines Teils der Welt ist. Diese bewußte oder unbewußte Abwendung von Sinn und Bedeutung kann überwunden werden, aber dies wirft eine vierte Frage auf, nämlich die, warum dies überwunden werden soll.

In einer gewissen Hinsicht ist diese Abwendung jedoch legitim. Denn da die Soziologie sich nur mit zeitlichen Dingen befaßt, heißt das, daß sich ihre Beschäftigung mit Sinn oder Bedeutung auf deren Entstehung, Verteilung, Störung und Schwächung zu einer gegebenen Zeit an einem gegebenen Ort beschränkt. Wie aber kann der Soziologe als Soziologe legitimerweise Sinn zu finden hoffen? Das ist die fünfte Frage.

Es ist klar, daß alle diese Fragen – zum Status der Soziologie in unserer singulären historischen Lage, zur Geschichte der Soziologie, zu ihrer typologischen Betrachtungsweise, zu ihrer Vernachlässigung von Sinn und Bedeutung und zu einer Soziologie, die sich mit Sinn und Bedeutung befaßt – mit einer möglichen Rechtfertigung der Soziologie zu tun haben und der Soziologie selbst logisch vorausgehen, da sie sich alle aus dem Problem ihrer möglichen Legitimierung herleiten. Diese Fragen gelten gewöhnlich als philosophische Fragen zur Soziologie. Aber die Befürwortung eines soziologischen Zugangs zur Geschichte der Soziologie und das Erfordernis eines solchen Zugangs angesichts der Erkenntnis, daß ihr Gegenstandsbereich sich aus Typen und Marionetten zusammensetzt, deuten darauf hin, daß diese philosophischen Fragen soziologisch analysiert werden können, was wiederum auf eine Beziehung zwischen einer derartigen soziologischen Analyse und der entsprechenden Gesellschaft hinweist; somit kann die philosophische Frage in eine soziologische umgewandelt werden. Unsere letzte Frage ist daher, ob sich verallgemeinernd behaupten läßt, daß die Geschichte der Soziologie einen Weg beschreibt, der von einer früheren Suche nach einer Philosophie der Soziologie zu einer späteren führt, in der die Philosophie soziologisch angegangen wird.

Diesen Fragen werden wir nun nachzugehen haben – sofern sie nicht bereits in den vorangehenden Zugängen behandelt wurden.

2. Soziologie?

Die Anfangsfrage – wie können wir angesichts einer Krisensituation, die ihresgleichen noch nicht hatte, es rechtfertigen, daß wir Soziologie treiben, anstatt unsere ganze Energie auf die Verhütung der Katastrophe zu konzentrieren? – stellte unseren ersten Zugang dar; es war der erste Zugang zu einer Auffassung von Soziologie, die wir angesichts der Krise für sehr viel angemessener halten als andere Arten von Soziologie, bei denen die Krise zu keiner Revision geführt hat.

Die Welten, in die uns soziologische Einzelanalysen führten, ließen uns die Alltagswelt vergessen, eben jene Alltagswelt, aus der die Frage nach der Legitimität der Soziologie erwuchs; gerade die Distanz zur Alltagswelt aber half uns, diese Alltagswelt zu erkennen. Denn heute – so habe ich gegen Ende des ersten Zugangs geschrieben – »sieht es so aus, als müßten wir die Welt der Geschichte, die Alltagswelt, verlassen, über sie hinausgehen, sie transzendieren, um überhaupt eine Chance zu haben, sie zu erkennen«. Und wenn wir »eher unseren Sinnen trauen als den überlieferten Ideen, die jene verblenden, dann scheint der einzige Weg, mit unserer ›ausgezeichneten Wirklichkeit‹ fertig zu werden, darin zu bestehen, sie abzulehnen«, wobei ich Herbert Marcuse zitierte mit den Worten: »›das Ganze ist die Wahrheit‹, und das Ganze ist falsch.«

Es gibt mehr als einen Grund, eine solche Haltung gegenüber der Gesellschaft einzunehmen. In der Alltagswelt ist diese Haltung für mich der Protest gegen das Böse; theoretisch befürworte ich damit die Aufhebung der für mich relevanten Traditionen – so gut ich es vermag. Mit dieser Haltung gebe ich zum Ausdruck oder lege zumindest nahe, daß für einen Soziologen der Bezug zu seiner jeweiligen Zeit und seinem jeweiligen Ort unvermeidlich ist. Dadurch nehmen wir – wie zu Beginn des ersten Zugangs erläutert – einen Standpunkt ein, der für die Soziologie in der Anfangszeit ihrer Geschichte charakteristisch gewesen ist.

3. Ein soziologischer Zugang zur Geschichte der Soziologie

Unsere Zugänge waren alle Zugänge zum *Subjekt* als einem schätzens- und wünschenswerten Gegenstand einer schätzens- und wünschenswerten Soziologie. Beim ersten Zugang entdeckten wir, daß das *Subjekt* uns unsere Krise, unsere Zeit, ja die Geschichte vergessen läßt; in einem anderen Zugang ging es – am Beispiel des Soziologen Max Weber – um das *Subjekt* als dasjenige, woran sich die Geschichte der Soziologie orientieren sollte. Das *Subjekt* war das Anliegen auch der anderen Zugänge, verkörpert durch mich selbst beim zweiten Zugang (»Kunst – heute?«) bzw. durch Scheler, Schütz, Mannheim und Durkheim in den anderen.

Die Stärke dieses vom Subjekt inspirierten Zugangs zur Geschichte der Soziologie bzw. zur Soziologie überhaupt liegt darin, daß dieser Zugang die Diskontinuität transzendiert, die uns die Krise auferlegt, und zwar – wie ich es gegen Ende des dritten Zugangs beschrieben habe – durch das Verlangen des Interpreten, die Erfahrung seiner eigenen Gesellschaft auf das anzuwenden, was er aus der Lektüre Max Webers (oder anderer Soziologen) über die *Kontinuität* seiner eigenen Gesellschaft lernen kann. Und diese Kontinuität bringt drei weitere Kontinuitäten mit sich: die Überzeugung, die Welt des Interpretandums könne in die des Interpreten übersetzt werden, die Kontinuität der Soziologie selbst sowie diejenige, die alle Menschen guten Willens vereint.

Worin aber bestehen die Schwächen dieses Zugangs? Da existiert zunächst einmal die Gefahr, daß die Gefühle, die jemand hat – handle es sich nun, wie an den Beispielen hier illustriert, um Protest gegen das Böse, um Empörung angesichts des Bösen, um Hoffnung oder um etwas anderes –, die Perspektive dieser Person, ihre Forschung, ihr Interpretieren unkontrolliert, vielleicht sogar unkontrollierbar beeinflussen. Dies ist allerdings nicht gefährlicher als eine Beeinflussung durch Gleichgültigkeit, Distanz oder »Objektivität«: In beiden Fällen besteht das einzige, aber auch das beste, was wir tun können, darin, zu versuchen, uns unseres eigenen emotionalen Einflusses auf unsere Arbeit bewußt zu werden, so gut wir das eben können.

Die wirkliche Schwäche der skizzierten Position liegt hingegen darin, daß sie bei vielen soziologischen Forschungen gar nicht angemessen ist, nämlich überall da, wo es – durchaus zu Recht – gar nicht um Individuen, sondern um Typen und Marionetten geht.

4. Soziologie von Marionetten

Wir müssen hier, zusätzlich zu der Unterscheidung zwischen Menschen in ihrer Einzigartigkeit und (Ideal-)Typen bzw. Marionetten, noch eine weitere einführen, nämlich die zwischen einer affektiven und einer nichtaffektiven (oder »affektiv neutralen«, wie Talcott Parsons sie nannte) Haltung gegenüber *entweder* dem Individuum *oder* der Marionette. Wenn wir uns an die im ersten Zugang erwähnten Beispiele für eine relevante Soziologie erinnern, so sehen wir, daß alle drei erwähnten Autoren eine gefühlsbetonte Haltung gegenüber ihren Subjekten einnehmen: Mitgefühl, Verständnis, Hochachtung in der Studie über Überlebende der »Endlösung«; die Bemühung, den Leser in die Welt des Maschinisten einzuführen und daran teilnehmen zu lassen in der zweiten Studie; Empörung und der Eifer eines Anklägers in *The Perfect War.* Die *personae* der drei Studien sind dagegen ganz verschieden: In der Studie über Überlebende handelt es sich um mehr oder weniger einmalige Menschen, in den beiden anderen aber um Typen. Trotzdem künden alle drei vom *Subjekt* als ihrem Hauptanliegen. Daraus muß ich schließen, daß das Subjekt sowohl von einem einmaligen Individuum als auch von einem Typus repräsentiert werden kann, denn beiden ist es möglich, das Wesen des Menschen oder die menschliche Situation zu vergegenwärtigen. Der Grundzug dieser Soziologie besteht darin, daß sie vermittelt, was es bedeutet, ein Mensch zu sein (»Mensch« in einem ganz »wertfreien« Sinn!).

Die Frage der Individuen in ihrer Einzigartigkeit und der Marionetten führt damit zu einem Grundproblem der Intersubjektivität: Ich meine das Problem, ob ich jemanden jemals anders denn als einen Typus kennen kann (wenn auch auf einer äußerst differenzierten und abgestuften Skala) oder ob es mir möglich ist, dich zu *kennen* – in deiner ganz spezifischen Einzigartigkeit. Max Weber und (von ihm ausgehend) Alfred Schütz haben uns gezeigt, was wir nicht wußten: daß wir es sogar in der Welt des täglichen Lebens – als Soziologen nur bewußter und systematischer – fast ausschließlich mit Typen zu tun haben (was an die Entdeckung erinnert, daß wir Prosa sprechen). Ich habe aber versucht zu zeigen, daß Schütz, womöglich ohne sich dessen ganz bewußt zu sein, hier zweideutig ist. In meiner Bemühung, diese Zweideutigkeit zu erklären, vermutete ich einen Konflikt zwischen Askese und Leidenschaft, der uns an einen ähnlichen Konflikt bei Max Weber erinnern mag und der auf ein Unbehagen an der Gesellschaft verweist, das auch anderen Ausdruck gefunden hat, etwa in Durkheims Anomie oder Webers Ambivalenz der Rationalisierung oder Freuds Erhöhung dieses Unbehagens zum Wesen der Kultur.

Auch wir, glaube ich, leiden unter diesem Konflikt, wenn wir fragen, ob eine Soziologie, die sich nicht mit Typen oder Marionetten zufriedengibt, möglich sei. Ich habe die Frage schon bejaht und als Beispiel für eine solche Soziologie Henry Greenspans Studie von Überlebenden des Holocaust angeführt. Ich glaube, wir verwandeln den Typus in einen Menschen, wenn wir uns mit ihm identifizieren wollen, das heißt, ihn als Verkörperung eines Menschen ansehen und Sinn suchen.

Worin besteht also nun die Schwäche dieses Zugangs zur Geschichte der Soziologie bzw. zur Soziologie überhaupt? Sie besteht darin, daß er für jene soziologischen Studien unangemessen ist, die Menschen als Marionetten, als Objekte behandeln, zum Beispiel als Objekte der Generalisierung, wie dies in der Umfrageforschung oder in einer empirischen Erhebung geschieht. Die Behandlung von Subjekten als Objekte ist dadurch gerechtfertigt, daß der Mensch beides ist – er ist, wie bereits dargelegt, ein »Mischwesen«, das heißt, er weist Merkmale auf, die ihm allein angehören – darunter als entscheidendes: Sinn und die Suche nach Sinn, und hier haben wir den Menschen als Subjekt –, und er weist Merkmale auf, die er mit anderen Organismen und mit Unorganischem teilt – und in dieser Eigenschaft ist er Objekt. Ein umfassender Begriff der Soziologie muß beiderlei Merkmalen Rechnung tragen.

Umfrageforschung und andere Forschungen, die ausschließlich mit Typen oder Marionetten zu tun haben, sind somit gerechtfertigt – es sei denn, ihre Autoren sind der irrigen Ansicht, sie untersuchten einzigartige Individuen, Menschen als Subjekte. Sitzen sie dieser Illusion auf, so nehmen sie an einer manipulativen Praxis teil, die die sie umgebende Gesellschaft kennzeichnet, aber im Gegensatz zu Propagandisten und Werbefachleuten sind sie sich dessen nicht bewußt; sie glauben, lediglich »Wissenschaft« zu betreiben – mehr oder weniger ruhigen Gewissens.

5. Soziologie und Sinn

Wie bereits erwähnt, bedeuten Marionetten oder Typen sich und anderen nichts und haben auch keine sinnhafte Welt. Demnach gibt sich eine Soziologie, die nur Marionetten studiert, nicht mit Sinn oder Bedeutung ab. Aber wir haben verschiedene Wege betrachtet, auf denen sich Soziologie sehr wohl mit Bedeutung befassen kann: indem sie sich mit ihrer (und unserer) Zeit, ihrer Geschichte, mit Individuen in ihrer Einzigartigkeit befaßt. Meine Darstellung dieser Wege war (und ist) untrennbar damit verbunden, daß ich sie empfehle – als Hilfe, um unsere Diskontinuität zu überwinden und um die Frage zu klären, ob wir uns mit Menschen oder Marionetten beschäftigen und was die Ziele dieser beiden Unternehmungen sind.

Bei dem Versuch, die Beziehung von Soziologie und Sinn zu klären, ist es nützlich, sich an Max Webers berühmte Definition der Soziologie zu erinnern:

> »Soziologie (im hier verstandenen Sinn dieses sehr vieldeutig gebrauchten Wortes) soll heißen: eine Wissenschaft, welche soziales Handeln deutend verstehen und dadurch in seinem Ablauf und seinen Wirkungen ursächlich erklären will.«[1]

Soziologie will also verstehen und – dadurch – erklären; sie will den Sinn erfassen, um ihn zu erklären; und dazu setzt sie ihn in einen zeitlichen Rahmen. Die Beispiele einer sich mit Sinn befassenden Soziologie, die ich im ersten Zugang angeführt habe, gehen nicht über den ersten der beiden Schritte der Weberschen

1 Max Weber, *Wirtschaft und Gesellschaft* (1911-13), Studienausgabe, Erster Halbband, Köln/Berlin 1964, S. 3.

Soziologie hinaus, das Verstehen bzw. die Interpretation. Sie beschäftigen sich nicht mit Zeitfolgen. Aber wenn Soziologen in andere Welten eintreten (in unseren Beispielen: die Welt der Überlebenden, der Maschinisten, des Vietnamkrieges), müssen sie auch wieder in die Alltagswelt zurück, um ihr dank ihrer Erlebnisse nützlich zu sein.

An dieser Stelle ist es nötig, zwei Bedeutungen von »Sinn« zu unterscheiden. Sie entsprechen den beiden menschlichen Merkmalen, den ausschließlichen und den mit anderem gemeinsamen; nennen wir sie den menschlichen Sinn oder die menschliche Bedeutung, und den sozialen Sinn oder die soziale Bedeutung. Soziale Bedeutungen oder kürzer: Soziales kann soziologisch innerhalb der ihm eigenen Welt, der Alltagswelt, verstanden werden; der Soziologe braucht seinen Aufenthalt in ihr nicht zugunsten einer anderen Welt zu unterbrechen. Besonders deutlich wird dies im Falle von dem, was man als »soziale Dokumente« bezeichnen könnte, also zum Beispiel (was hierfür typisch wäre) Leitartikel, Leserbriefe oder Werbung – im Gegensatz zu (wiederum typisch) Dichtung, Philosophie oder Malerei, die den Menschen in ihre eigenen Welten versetzen und ausschließlich menschliche Merkmale dokumentieren.

Aus diesen zwei Bedeutungen von Sinn oder Bedeutung folgt, daß es

»keine Religionssoziologie, sondern nur eine des Aberglaubens gibt, keine Wissenssoziologie, sondern nur eine der Ignoranz, keine Soziologie der Kunst, sondern nur eine des Kitsches [und ich füge zu dieser Liste von Albert Salomon[2] hinzu: keine Soziologie der Philosophie, der Wissenschaft oder der Mathematik]. [...] Der Grund dafür liegt darin, daß alle diese – ihrem Wesen nach – Sinn oder Bedeutung sind. Natürlich gibt es eine Soziologie der Kirche, der Akademie, der Boheme, poetischer Stile, philosophischer Schulen, Universitäten, Forschungsinstitute, Laboratorien, *think tanks,* eine Soziologie von Entdeckungen in der Mathematik und Logik. Kurz: Es gibt Soziologien dieser geistig-emotionalen Tätigkeiten, die aber als soziale Einrichtungen verstanden werden. Dies liegt daran, daß Einrichtungen zeitlich, daß sie geschichtlich sind und der Soziologe fragen kann, wie und warum diese oder jene entstand oder nicht entstand, sich entwickelte oder nicht, blühte oder

2 Vgl. Albert Salomon, »Prophets, Priests, and Social Scientists« (1949), in: ders., *In Praise of Enlightenment*, Cleveland/New York 1963, S. 387-398.

dahinsiechte, aufgegriffen, unterstützt, von gewissen Gruppen angegriffen wurde (und warum gerade von diesen) oder verschwand. Alle diese Vorgänge sind zeitliche Vorgänge.«[3]

Hier erinnern wir uns, welche Rolle Max Weber in unserer Skizze eines soziologischen Zugangs zur Geschichte der Soziologie spielte. Natürlich ist Max Weber »zeitlich« in dem einfachen Sinn, daß er zu einer gewissen Zeit lebte. Und wir fanden eine seiner Bedeutungen darin, daß er unsere eigene Zeit, die heutige Zeit der Menschheit, erhellte. Wir machten keinen Versuch, das Entstehen der Bedeutung »Max Weber« kausal zu erklären (wie er das zum Beispiel in bezug auf die protestantische Ethik getan hat). Wir verließen nicht die erste – interpretierende oder verstehende – der beiden Phasen, die in seiner Soziologie vorgesehen sind; wir dachten nicht einmal daran, in die zweite, die kausale, einzutreten.

Zur Erklärung dieser zweiphasigen Auffassung der Soziologie ist es nützlich, erneut Karl Mannheims Begriff der Innen- und Außenbetrachtung heranzuziehen.[4] Die Innenbetrachtung benutzt als Quelle nur das Interpretandum; die Außenbetrachtung geht darüber hinaus. Die Kausalerklärung ist eine Außenbetrachtung; ja, Kausalerklärungen sind für Mannheim »nicht eigentlich Interpretationen, sondern sinnfremde Kausalbestimmungen. Es handelt sich hier stets um die Herausarbeitung aller jener an und für sich sinnfremden (also nicht verstehbaren), sondern nur in ihrer Regelmäßigkeit beobachtbaren Abläufe, die zwar Vorbedingungen, aber nicht Voraussetzungen des zu interpretierenden Sinnzusammenhanges sind.«[5]

Die Frage der Sinnfremdheit der »beobachtbaren Abläufe«, welche »Vorbedingungen, aber nicht Voraussetzungen des zu interpretierenden Sinnzusammenhanges [des Interpretandums, d. Verf.] sind«, können wir dahingestellt sein lassen. Dagegen müssen wir aus Mannheims Darlegung die Überzeugung gewinnen, daß die Kausalerklärung selbst nicht »sinnfremd« ist, und können womöglich sogar soweit gehen wie Alfred Schütz, für

3 Kurt H. Wolff, »Exploring Relations between Surrender-and-Catch and Poetry, Sociology, Evil«, in: *Human Studies* 9 (1986), S. 347.

4 Vgl. Karl Mannheim, »Ideologische und soziologische Interpretation der geistigen Gebilde« (1926), in: ders., *Wissenssoziologie*, a.a.O.

5 Ebd., S. 404 f.

den Kausaladäquanz eine Variante von Sinnadäquanz ist[6]: Im Hinblick auf unsere Bemühung um eine geschichtlich adäquatere Soziologie kommt es hier darauf an, daß Kausalerklärung (oder -interpretation) eine Außenbetrachtung ist, weil sie außerhalb des Interpretandums liegende Elemente des Universums (Abläufe, Gesetze) befragt, die zwar im Interpretandum wirksam (»Vorbedingungen«), ihm aber fremd (nicht »Voraussetzungen«) sind.

6. Von der Philosophie der Soziologie zur Soziologie der Philosophie?

Die letzte der oben aufgeworfenen sechs Fragen betrifft die Beziehungen zwischen Soziologie und Philosophie. Genauer: Können wir in der Geschichte der Soziologie eine Wendung von der Philosophie der Soziologie zur Soziologie der Philosophie beobachten? Wir müssen jetzt diese Frage genauer formulieren und beginnen mit der Beziehung zwischen Soziologie und Philosophie überhaupt.

Die für uns hier entscheidende Rolle dieser Beziehung läßt sich verdeutlichen, wenn wir sie mit der Auffassung von Georg Simmel vergleichen.[7] In seiner letzten Darstellung der Soziologie betrachtet Simmel als den Mittelpunkt dieser Beziehung eine Reihe »von Fragen an die Tatsache Gesellschaft«.[8] Innerhalb dieses Komplexes gibt es zwei Arten von Fragen, nämlich die erkenntnistheoretischen, die auf »die Bedingungen, Grundbegriffe, Voraussetzungen der Einzelforschung«[9] zielen, und die metaphysischen, die prüfen,

> »wo das gleichgültig-naturgesetzliche Abrollen der Ereignisse einem *Sinn* der Einzelerscheinungen oder des Ganzen Raum gäbe [...]. Im besonderen ergeben sich hier Fragen wie diese: Ist die Gesellschaft der Zweck der menschlichen Existenz oder ein Mittel für das Individuum? Liegt der definitive Wert der sozialen Entwicklung in der Ausbildung der Persönlichkeit oder in der Assoziation? Ist Sinn und Zweck über-

6 Vgl. Alfred Schütz, *Der sinnhafte Aufbau der sozialen Welt*, a.a.O., §§ 45 und 46.

7 Vgl. Georg Simmel, *Grundfragen der Soziologie* (1917), *Gesamtausgabe*, Bd. 16, Frankfurt am Main 1998, S. 59-149.

8 Ebd., S. 84.

9 Ebd.

haupt in den gesellschaftlichen Gebilden als solchen vorhanden oder realisieren diese Begriffe sich nur an der Einzelseele? [...] Dieser Typus von Fragen ist ersichtlich nicht auf dem Wege der Tatsachenfeststellung beantwortbar; vielmehr handelt es sich um die *Deutung* festgestellter Tatsachen und darum, das Relative und Problematische der bloßen sozialen Wirklichkeit zu einer Gesamtanschauung zu führen, die mit der Empirie nicht konkurriert, weil sie ganz andern Bedürfnissen als diese dient.«[10]

Die Erforschung der erkenntnistheoretischen und metaphysischen Aspekte der Gesellschaft kennzeichnet die »philosophische Soziologie«.[11] Sie deckt einen Teil des »Gebietes der Soziologie« ab (so der Titel des ersten Kapitels von Simmels *Grundfragen der Soziologie*), das auch »Allgemeine« und »Formale Soziologie« umfaßt.

Diese Auffassung hat etwas Statisches. Erstens besitzt die Soziologie ein scheinbar unproblematisches oder selbstverständliches Zentrum: die Gesellschaft. Zweitens liegt Simmels Ansicht eine räumliche Vorstellung zugrunde: Erkenntnistheoretische Fragen gehen »unter die konkreten Erkenntnisse vom sozialen Dasein hinunter«, während die metaphysischen »über diese hinaus« gehen.[12] Drittens können Tatsachen erkenntnistheoretische und metaphysische Fragen nicht beantworten, »weil sie ganz andern Bedürfnissen«[13] als jene dienen. (Simmels eigenes Beispiel der »philosophischen Soziologie« bezieht sich auf »Individuum und Gesellschaft in Lebensanschauungen des 18. und 19. Jahrhunderts«.[14]) Simmels Auffassung vermittelt uns das Bild einer wohlgeordneten Welt, in der Soziologie und Philosophie ihre klar umgrenzten Aufgaben haben.

Hier kommt es weder auf Kritik noch auf Zustimmung an, sondern auf die Erkenntnis, daß wir nicht mehr in jener Welt

10 Ebd., S. 86.
11 Ebd., S. 84.
12 Ebd., S. 85.
13 Ebd., S. 86.
14 So lautet der Titel des vierten (und damit letzten) Kapitels seiner *Grundprobleme der Soziologie*. Zur Entwicklung von Simmels Ideen über Wissenschaft und Philosophie und ihre Beziehungen vgl. Hans-Jürgen Dahme, »Das ›Abgrenzungsproblem‹ von Philosophie und Wissenschaft bei Georg Simmel«, in: Hans-Jürgen Dahme/Otthein Rammstedt (Hg.), *Georg Simmel und die Moderne*, Frankfurt am Main 1984, S. 202-230.

leben: Wir leben vielmehr in einer Zeit, in der – wie vieles andere auch – die Grenze zwischen Soziologie und Philosophie problematisch geworden ist. Das dürfte nicht wundernehmen angesichts dessen, was sich seit dem Ersten Weltkrieg, als Simmel die *Grundfragen der Soziologie* schrieb, ereignet hat. Zu Beginn habe ich erklärt, daß der Begriff der Soziologiegeschichte, daß eine Soziologie, die sich mit Typen statt mit wirklichen Menschen beschäftigt, daß die problematische Beziehung der Soziologie zu Sinn oder Bedeutung – daß alle diese Probleme mit der Frage zu tun haben, wie es sich rechtfertigen läßt, daß man heute Soziologie betreibt. All diese Probleme entstehen für mich aus dieser Frage; logisch gehen sie der Soziologie selbst voraus. Aus diesem Grunde habe ich sie als philosophische bezeichnet. Jetzt sehen wir, daß sie Simmels erkenntnistheoretischen Fragen ähneln. Aber ihre Beziehung zur Soziologie ist eine andere als bei Simmel. Für Simmel betreffen erkenntnistheoretische Fragen »die Bedingungen, Grundbegriffe, Voraussetzungen der Einzelforschung«. Hier dagegen liegt ihr Kern darin, wie sich die Soziologie in diesem Augenblick der menschlichen Geschichte legitimieren läßt. Wir sahen, daß wir heute nicht länger wie selbstverständlich davon ausgehen können, daß »Bedingungen, Grundbegriffe, Voraussetzungen der Einzelforschung« in einer unveränderlichen Beziehung zur Soziologie stehen.

In diesem Versuch selbst haben sich die Wege von Philosophie und Soziologie immer wieder gekreuzt. So haben wir im ersten Zugang festgestellt, daß die Gemeinsamkeit der zitierten Beispiele relevanter soziologischer Analysen in ihrem Festhalten am Individuum, am menschlichen Subjekt besteht. Wie aber kamen wir an das, was hinter (bzw. für Simmel unter oder über) allem liegt, das heute den Namen Soziologie trägt – auch hinter der Art von Soziologie, die ich angesichts unserer Krise nicht für irrelevant halte? Es ist klar, daß die philosophisch-empirische Unterscheidung nicht länger in dem Sinne gültig ist, in dem sie es für Simmel war – und in dem sie es zweifellos für die Mehrheit der Soziologen (und wohl auch der Philosophen) war und auch heute noch ist. Diese unbestimmtere Beziehung aber hat selbst eine Tradition innerhalb der Soziologie, nämlich in der sogenannten Wissenssoziologie. In der Wissenssoziologie geht es um eine Analyse der Entstehung und Entwicklung geistig-emotionaler Phänomene (die Philosophie mit eingeschlossen), die mit Merkmalen der Gesellschaft, in denen sie auftreten, in Beziehung gesetzt werden.

Im dritten Zugang illustrierten wir eine soziologische Konzeption von der Geschichte der Soziologie in der Absicht, gewisse Eigenheiten des Soziologen Max Weber mit gewissen Merkmalen seiner Zeit in Beziehung zu setzen, um gewisse Einzelzüge seiner Soziologie zu verstehen; diese Konzeption von der Soziologiegeschichte zeichnet sich dadurch aus, daß sie einer »philosophischen« Feststellung beipflichtet: daß die heute relevante Geschichte der Soziologie durch die »Verpflichtung zu einer guten Gesellschaft«, durch den Begriff einer normativen Gesellschaft gekennzeichnet sei – ein Kennzeichen, das »eine affektive Haltung ihr gegenüber« impliziert und gleichzeitig »ein Kriterium für das Urteil über existierende Gesellschaften« liefert. Der Zusammenhang zwischen der Betonung des Subjekts und einer normativen Gesellschaftsauffassung wie auch der diagnostisch-kritische Charakter beider dürften klar sein: Beides sind Reaktionen auf eine nur allzu »empirische« Situation. Parallel dazu erscheinen die drei Kontinuitäten, die in der im dritten Zugang unterbreiteten Auffassung von der Soziologie und ihrer Geschichte liegen, als Reaktion auf die Diskontinuität unserer gegenwärtigen geschichtlichen Lage.

Im vierten Abschnitt dieser »Umformung« haben wir die Beziehung zwischen Soziologie und Sinn hinterfragt. Im Gegensatz zu Menschen, sagten wir, bedeuten Marionetten sich und anderen Marionetten nichts; sie leben in einer sinnfremden Welt. Die Soziologie, die sich mit Marionetten abgibt, trifft deshalb auf keinen Sinn. Sie tut das nur, wenn sie entweder Menschen oder Marionetten als Instanzen der Menschheit betrachtet; nicht aber, wenn sie sie – genauer: wenn sie Typen oder Marionetten – als Objekte für ihre eigenen (oder jemandes anderen) Zwecke gebraucht. Auch hier hängt das, was diesen Bestimmungen zugrunde liegt, von einer Auffassung vom Menschen als eines »Mischphänomens« ab, auf die wir erneut rekurrieren, um, wenn auch nur implizit, Licht auf Wesenszüge unserer Zeit zu werfen – auf Anonymität oder auf das Gefühl der Verlassenheit oder der Sinnlosigkeit. Indem die Soziologie Menschen als Marionetten behandelt, reproduziert sie die Behandlungsweise, die viele Menschen in ihrem Alltag sowohl zu erleiden haben als auch selbst praktizieren. Die Soziologie leistet somit einem herrschenden

Werturteil und einer moralisch keineswegs neutralen Tätigkeit Vorschub – was sie leugnet, was aber die hier befürwortete Soziologie um einer besseren Gesellschaft willen verurteilt.

Was schließlich der fünfte Abschnitt »Soziologie und Sinn«, dem hinzufügt, ist die Unterscheidung zwischen sozialem und menschlichem Sinn oder Bedeutung. Soziale Bedeutung illustriert die menschlichen Wesenszüge, die wir mit anderen teilen: Viele Tiere sind sozial oder leben sogar in Gesellschaften; der Unterschied zwischen ihnen und den Menschen besteht in der Sprache und allem, was diese auch an Symbolisierungen mit sich bringt. Obgleich bei den Menschen fast alle sozialen Beziehungen symbolisch (kulturell) vermittelt sind, lassen sie sich dennoch sehr realistisch vor der Folie von Interaktionstypen verstehen, die man auch bei anderen Tieren antreffen kann. So wäre es zum Beispiel irrig oder naiv, Leitartikel, Leserbriefe oder die Werbung einer »Innenbetrachtung« statt einer »Außenbetrachtung« zu unterziehen, das heißt, sie wörtlich zu nehmen und nicht als Ausdruck von Kampf, Parteinahme, Konkurrenz, Machtwunsch, Einfluß usw.; ebenso wäre es ein Fehler, beispielsweise ein Gedicht, eine philosophische Abhandlung oder ein Gemälde (um in beiden Fällen bei den im fünften Abschnitt angeführten Beispielen zu bleiben) nur von außen her statt eben zuallererst von innen her zu betrachten, das heißt: Hier gilt es, sich erst um das Verstehen zu bemühen und dann, wenn überhaupt, zu einer Erklärung anzusetzen. Diese zweistufige Vorgehensweise ist die der Wissenssoziologie (die oft der Innenbetrachtung nicht Genüge tut, wie andererseits Literaturkritik und -geschichte oft nicht der Außenbetrachtung Genüge tun).[15]

Sowohl die hier diskutierte Soziologiekonzeption als auch die Konzeption des Verhältnisses von Soziologie und Philosophie (verstanden als die Analyse der Grundlagenprobleme der Soziologie) basieren auf einer Diagnose, die die Gegenwart in die menschliche, gegebenenfalls sogar in die planetarische Geschichte einordnet, und diese Diagnose arbeitet selbst mit denselben Begriffen wie die hier angestrebte Soziologiegeschichte. Die hier zur Diskussion stehende Soziologie ist dynamischer als verschie-

15 Mehr über Innen- und Außenbetrachtung, ihre gegenseitigen Beziehungen und das geschichtliche Zurücktreten ersterer in: Kurt H. Wolff, »Exploring Relations between Surrender-and-Catch and Poetry, Sociology, Evil«, a.a.O., S. 358-360.

dene herkömmliche Arten der Soziologie: erstens, weil sie deren Selbstverständnis in Frage stellt, und zweitens, weil die Krise der Menschheit beispiellos ist, daher mit viel weniger »beispielhaften« Begriffen und Theorien auskommt und in der Tat so viele wie möglich, genauer: so viele wie erträglich, in Frage stellt, »aufhebt«, »einklammert«. Mit anderen Worten, sie »gibt sich« der Frage ihrer Legitimität in dieser Zeit »hin«.

Wie also können wir die sechste Frage beantworten, ob sich in der Geschichte der Soziologie eine Wendung von der Philosophie der Soziologie zur Soziologie der Philosophie beobachten läßt? Unsere Untersuchung legt nahe, daß sich zwei solche Wendungen beobachten lassen. Die erste kam mit der Einsicht, daß das historische Schicksal philosophischer Probleme soziologisch verstanden werden kann. Diese Einsicht war die Leistung der Wissenssoziologie, die – wenigstens in ihren besten Arbeiten – dem soziologischen Reduktionismus oder Soziologismus Widerstand leistete, das heißt der Versuchung, den Sinn philosophischer (und anderer) Probleme ausschließlich in den gesellschaftlichen und geschichtlichen Umständen zu sehen; und sie verfiel damit nicht dem genetischen Trugschluß (*genetic fallacy*), dem zufolge der Ursprung von etwas zugleich seine Gültigkeit bestimme.[16]

Die zweite Wendung ist die Erkenntnis, daß die historisch beispiellose Krise die Grundlage allen menschlichen Strebens darstellt, des soziologischen und des philosophischen eingeschlossen, und daß sich dadurch die wechselseitige Beziehung von Soziologie und Philosophie derart verändert, wie unsere ganze Untersuchung, insbesondere aber der jetzige Teil beispielhaft aufzuzeigen sucht. »Von der Philosophie der Soziologie zur Soziologie der Philosophie« ist gutklingende Rhetorik, aber unhaltbar ungenau. Wahr daran ist die Zustimmung zu dem zweiten Schritt der »Säkularisierung« des Denkens, den diese Seiten skizzieren. Wenn es nicht zur endgültigen Katastrophe kommt, dürfte es weiter sowohl philosophische Untersuchungen über die Soziologie als auch soziologische Analysen der Philosophie geben. Die gegenwärtige Phase in der Geschichte der beiden Unternehmungen und ihrer Beziehung zueinander ist durch diesen »zweiten Schritt«, einen neuen Schritt, gekennzeichnet.

16 Vgl. Kurt H. Wolff, *Beyond the Sociology of Knowledge*, a.a.O., S. 175-177.

Wie im sechsten Zugang gezeigt, verfocht Karl Mannheim bereits vor mehr als sechzig Jahren die hier anvisierte Säkularisierung, die auch heute noch Gegenstand lebhafter Diskussion ist. Zuerst aber rückte er vom Soziologismus ab, der als Vorwand diente (und dient), um dieser Säkularisierung nicht ins Gesicht sehen zu müssen. Mit einer soziologischen Interpretation, so schrieb Mannheim (und es sei hier nochmals wiederholt),

»soll nicht behauptet werden, daß Geist, Denken nichts anderes sei als Ausdruck, Reflex sozialer Lagerungen, daß es nur kalkulierbare Bedingtheiten und keine im Geiste verankerte Möglichkeit zur ›Freiheit‹ gäbe, sondern nur, daß es auch hier im Gebiete des Geistigen durch Rationalisierung erfaßbare Prozesse gibt und daß es eine falsche Mystik ist, dort, wo noch Erkennbares vorliegt, romantische Verdunkelungen walten zu lassen. Wer das Irrationale schon dort haben möchte, wo de jure noch die Klarheit und Herbheit des Verstandes walten muß, der hat Angst, dem Geheimnis an seinem wahren Orte ins Auge zu sehen.«[17]

Es handelt sich also nicht um die Verleugnung des Geheimnisses oder der Geltung; Säkularisierung bedeutet nicht unterschiedslose Entlarvung »romantische[r] Verdunkelungen«. Der »zweite Schritt« wurde dadurch ermöglicht, daß die technologische Entwicklung, beispielsweise der Atomkraft, die Macht hat, unsere Existenz zu zerstören. Daher – unter unendlich vielen Fragen – auch jene nach der Soziologie, eine Frage, deren Untersuchung uns zu unserer letzten Fragestellung – »Von der Philosophie der Soziologie zur Soziologie der Philosophie« – geführt hat. Es stellte sich heraus, daß sie wörtlich genommen eine sinnlose Frage ist; ihr wahrer Kern aber besteht darin, daß unter den vielen überlieferten Vorstellungen, die wir in der gegenwärtigen Epoche unserer Geschichte außer acht lassen müssen, sich auch die befindet, der zufolge soziologische und philosophische Probleme ihrem Wesen nach zu verschieden seien, um von gegenseitigem Interesse sein zu können. Statt dessen müssen wir an diesem Punkt unserer Forschung jeden gegebenen Fall für sich prüfen.

Die Idee, die diese Arbeit durchzieht und ihr zugrunde liegt, ist diejenige von »Hingebung und Begriff« und insbesondere ihr Plädoyer für das »Einklammern« überlieferter Ideen, soweit das jeweilige Individuum dazu in der Lage ist – der Fang (»Begriff«) ist unvorhersehbar. Im vorliegenden Fall – meiner, unserer Hin-

17 Karl Mannheim, »Die Bedeutung der Konkurrenz im Gebiete des Geistigen« (1928), in: ders., *Wissenssoziologie*, a.a.O., S. 613.

gebung an die Frage der heutigen Legitimität der Soziologie – ist der erste »Begriff« diese Arbeit selbst. Ob dieser Fang, dieser Begriff um sich greift? Ich hoffe es natürlich. Ich hoffe, daß andere Soziologen die Frage »Soziologie?« auf ihre eigene authentische Weise stellen und beantworten und daß andere dieselbe Frage bezüglich ihrer eigenen Berufe und Tätigkeiten stellen und beantworten, da diese Frage nach der Legitimität für fast alle menschlichen Tätigkeiten gilt.

7. Die Rehabilitierung des Individuums

Auch das rehabilitierte und wieder zur Geltung gebrachte Individuum bleibt soziologisch gesehen das Individuum in der Lebenswelt. Aber selbst bei dem in der Lebenswelt lebenden, dem alltäglichen Menschen müssen wir zwei Bedeutungen unterscheiden, die in dieser »Umformung« benannt wurden: die eine bezieht sich auf seine ausschließlich menschlichen, die andere auf seine mit anderen und anderem geteilten Charakteristika. Gemäß der ersten Bedeutung ist der Mensch das einzelne Individuum, einzigartig und unverwechselbar, und er repräsentiert nicht trotzdem, sondern gerade deshalb das Mensch-Sein, die Menschheit: einzigartig-universal. Gemäß der zweiten Bedeutung stellt der Mensch einen Typus, einen Idealtyp, eine Gesamtheit von Rollen, eine Marionette dar. Nach allem, was hier gesagt worden ist, dürfte es klar sein, daß die Entscheidung der Soziologie heute zugunsten des Subjekts, nicht des Objekts ausfallen muß, zugunsten des Einzigartig-Universalen.

Was heißt das aber praktisch? Zunächst soll gesagt werden, was es *nicht* heißt: Es heißt nicht, daß der Soziologe in der soziologischen Arbeit moralische oder politische Urteile fällen soll. Es heißt nicht, daß Studien von Menschen als Typen oder Objekten grundsätzlich ungerechtfertig sind (es sei denn, ihre Autoren bildeten sich ein, *Subjekte* zu untersuchen). Und es heißt auch nicht, daß man sich nicht so gründlich wie möglich seiner Gefühle und Auffassungen bewußt, so selbstreflexiv wie nur möglich sein soll.

Es heißt statt dessen, daß die Wahl einer Studie, eines Studiums, eines Forschungsprojekts aus einer Diagnose unserer Zeit hervorgehen sollte, einer Art von Diagnose, wie ich sie hier zu skizzieren versucht habe. Angesichts des Mißtrauens gegenüber der Tradition und ihrer Unzuverlässigkeit als unserer Führerin ist das alltägliche Individuum in seiner ersten Bedeutung, das *Subjekt,* unsere Hoffnung und Verheißung. Wir müssen es erforschen, vor allem in seiner Fähigkeit, die Alltagswelt zu transzendieren, in seinem Verlangen danach und in seiner Furcht davor. Was träumt und erträumt es? Wer denkt was und bei welcher Gelegenheit über die Zukunft? Ich habe dies bereits in der Einleitung vorgeschlagen und dabei insbesondere an eine weittragende Studie der Beziehung zwischen Typen von Gesellschaften und Individuen und deren Wahl des Überlebens und des Sterbens gedacht.

Ich glaube, daß eine solche Auffassung des Subjekts der Soziologie die Soziologie selbst historisch adäquater machen und die drei im dritten Zugang angeführten Kontinuitäten wieder herstellen könnte: die zwischen Forscher und Erforschtem, die der Soziologie selbst und die Kontinuität, die nicht nur Soziologen, sondern alle Menschen guten Willens vereint: der unbeugsame Wille zu einer guten Gesellschaft – damit wir überleben.

Biographische Notiz

Kurt Heinrich Wolff ist am 20. Mai 1912 im hessischen Darmstadt als drittes Kind des jüdischen Weinhändlers Oscar Louis Wolff und seiner Frau Ida geboren. Nach dem Abitur am Realgymnasium in Darmstadt im Jahre 1930 studierte er im nahegelegenen Frankfurt (1931/32 auch in München) Philosophie, Germanistik, Romanistik und insbesondere Soziologie bei Karl Mannheim.

Noch während Wolff für seine bei Mannheim geplante Doktorarbeit zum Thema »Die Intelligenz in Darmstadt« Intellektuelle seiner Heimatstadt interviewte, kam Hitler an die Macht. Im September 1933 emigrierte Wolff nach Italien, wo er diverse Gelegenheitsjobs ausübte, in Florenz 1935 mit einer Arbeit über die Wissenssoziologie promovierte und als Lehrer an Schulen unterrichtete (1934 bis 1936 an der von Hans Weil geleiteten »Schule am Mittelmeer« in Recco, dann bis 1938 an der italienischen Knabenschule Mare-Monte in Ruta und Pontedilegno). 1936 heiratete er die jüdische Berlinerin Carla Bruck, die er 1934 während ihres Italienurlaubs kennengelernt und zum Bleiben bewegt hatte.

Als im Jahre 1938 auch in Italien antisemitische Gesetze erlassen wurden, war das Ehepaar gezwungen, binnen sechs Monaten das Land zu verlassen. Es gelang ihnen, zwei der wenigen US-Visa zu bekommen, und sie emigrierten 1939 über England in die USA, wo Wolff bis heute lebt (1945 erhielt er die amerikanische Staatsbürgerschaft).

Zunächst arbeitete er als Forschungsassistent an der Southern Methodist University in Dallas, Texas (1939-1943). Ein Stipendium des Social Science Research Council ermöglichte es ihm, 1943/44 als *post-doctoral research training fellow* an der Universität von Chicago die amerikanische Soziologie und Kulturanthropologie bei einigen ihrer bedeutendsten Vertretern näher kennenzulernen und selbst Feldstudien in Neumexiko in einer kleinen Gemeinde, die Wolff in seinen Schriften »Loma« nennt, durchzuführen.

1944 wurde Wolff als Assistent Professor an das von Quäkern geleitete Earlham College in Richmond, Indiana, berufen, an dem er Soziologie in ihrer ganzen Bandbreite bis hin zu »Economics« zu lehren hatte. Bereits ein Jahr später folgte er einem Ruf an die Ohio State University. 1952 wurde er dort Associate Professor, ging 1959 als Full Professor an die Brandeis University in Waltham, Massachusetts, und war dort in den folgenden drei Jahren Vorsitzender des Fachbereichs Soziologie. 1969 wurde er in Brandeis »Manuel Yellen Professor of Social Relations« und emeritierte im Jahre 1982, hielt aber bis 1993 noch alljährlich eine Lehrveranstaltung.

1952 und erneut 1953 hat Wolff in der Funktion eines »Spezialisten des Außenministeriums der USA« jeweils drei Monate am Frankfurter Institut für Sozialforschung mitgearbeitet; Gastprofessuren in Freiburg im Sommersemester 1966 auf Einladung von Heinrich Popitz und in Frankfurt am Main im Wintersemester 1966/67 auf Einladung von Friedrich H. Tenbruck schlossen sich an. Zahlreiche weitere Gastprofessuren wären zu nennen, unter anderem an der New School for Social Research in New York (1950), dem Institute for Social Research in Oslo (1959), in Rom (1963/64 und erneut 1983), Montreal (1965), Paris/Nanterre (1967), Toronto (1971), Manchester (1980), Manitoba (1981), Neufundland (1982) und Vortragsreisen wie die als Fulbright Senior Lecturer durch Australien (1980).

Seit 1964 gehört Wolff zum Board of Directors der »Sociological Abstracts«. Ergänzend ist auch sein Wirken in den erweiterten Herausgeberkreisen von Zeitschriften wie *Human Studies*, *International Journal of Contemporary Sociology*, *Phenomenological Sociology Newsletter*, *Philosophy & Social Criticism*, *Sociological Focus* und im Beirat des *Jahrbuchs für Soziologiegeschichte* zu erwähnen.

Von 1966 bis 1972 war Wolff Vorsitzender des Forschungsausschusses für Wissenssoziologie der International Sociological Association und ab 1972 bis zu ihrem Ende im Jahre 1979 Präsident der International Society for the Sociology of Knowledge. 1984 bis 1988 war er Vizepräsident, dann bis 1992 Präsident des Forschungsausschusses zur Geschichte der Soziologie der International Sociological Association. Wolff ist Ehrenmitglied der Deutschen Gesellschaft für Soziologie, und 1987 verlieh ihm seine Vaterstadt Darmstadt die Johann-Heinrich-Merck-Medaille.

Heute lebt Kurt H. Wolff in Newton, Massachusetts.

Wilfried Dreyer

Verzeichnis der Schriften Kurt H. Wolffs

Zusammengestellt von Wilfried Dreyer

Die im vorliegenden Schriftenverzeichnis vorgenommene gliedernde Einteilung soll die Übersicht erleichtern, wobei allerdings der den meisten Arbeiten gemeinsame Fragehorizont zu beachten bleibt, ob es sich nun um im engeren Sinne »wissenschaftliche«, »autobiographische« oder »belletristische« Texte handelt, zumal hier die Grenzen sehr oft fließend sind.

Bei den wissenschaftlichen Schriften wurden in einigen wenigen Fällen auch mimeographierte Texte mit aufgenommen, da sie einer größeren Öffentlichkeit bekannt sind und zitiert wurden. Auf Vollständigkeit mußte insbesondere bei den Rezensionen sowie den Gedichten und Kurzgeschichten verzichtet werden. Es seien daher wenigstens einige der Zeitungen und Zeitschriften genannt, in denen Wolffs belletristisches Schaffen seinen Niederschlag gefunden hat, nämlich *Commentary*, *Cronos*, *Frankfurter Zeitung*, *Interim*, *Partisan Review*, *Raven Anthology*, *Southwest Review* und das von ihm mitbegründete Magazin für moderne Poesie *Experiment*. Rezensionen verfaßte Wolff unter anderem für *American Journal of Sociology*, *American Sociological Review*, *Commentary*, *Contemporary Sociology*, *Human Studies*, *International Journal of Contemporary Sociology*, *Journal for the Scientific Study of Religion*, *Journal of the History of Philosophy*, *Kölner Zeitschrift für Soziologie und Sozialpsychologie*, *Philosophy of Science*, *Partisan Review*, *Political Science Quarterly*, *Quaderni di sociologia*, *Rural Sociology*, *Social Forces*, *Social Research*, *Sociology* und *Soziologische Revue*.

Ich danke den Bibliothekarinnen und Bibliothekaren der Universitäten Bonn, Köln und Tübingen und für die Beschaffung einiger besonders schwer zugänglicher Originale Frau Sussan Namini (Köln) und Herrn Claus K. Netuschil (Darmstadt). Ein ganz besonderer Dank gilt Kurt H. Wolff, ohne dessen freundliche Hilfe und Unterstützung das Verzeichnis in dieser Form nicht möglich gewesen wäre und der mit unermüdlicher Schaffenskraft dafür sorgt, daß sein Schriftenverzeichnis noch längst nicht als abgeschlossen betrachtet werden kann. Man darf auf seine zukünftigen Arbeiten gespannt sein.

1. Wissenschaft

A. Monographien und Sammelbände

1. *La sociologia di sapere. Ricerca di una definizione*, Diss. Universität Florenz 1935, IV + 194 S. [unveröffentlicht].
2. (zusammen mit Guenther Roth:), *The American Denazification of Germany. A Historical Survey and an Appraisal* (Studies in German-American Postwar Problems 1), Columbus, Ohio 1954, II + 49 S. [mimeographiert].
3. (zusammen mit Peter Etzkorn:), *Hans Vogel. The Case Study of a Young German Farmer on a Visit to the United States* (Studies in German-American Postwar Problems 2), Columbus, Ohio 1954, I + 31 S. [mimeographiert].
4. *German Attempts at Picturing Germany. Texts* (Studies in German-American Postwar Problems 3), Columbus, Ohio 1955, IV + 136 S. [mimeographiert].
5. *Controllo sociale e mutamento sociale* (Istituto universitario di scienze sociali, Quaderno 4), Trento 1964, 37 S.
6. *Hingebung und Begriff*, Neuwied/Berlin 1968, 194 S. [Darin sind auch – in überarbeiteter Fassung – folgende ins Deutsche übersetzte Titel abgedruckt: Nr. 205, 79, 68, 85, 82, 67, 71, 88 und 86].
7. *Versuch zu einer Wissenssoziologie* (Soziologische Texte 35), Berlin/Neuwied 1968, 321 S. [Darin sind auch – in überarbeiteter Fassung – folgende ins Deutsche übersetzte Titel abgedruckt: Nr. 33, 37, 40, 48, 44, 51, 59, 61, 66, 76, 81 und 87].
   (a) Spanische Übersetzung von Alfredo Antognini, José Rosario Turiano und Ricardo Monti: *Contribucion a une sociología del conocimiento*, Buenos Aires 1974, 287 S.
8. *Surrender and Catch. A Palimpsest Story* (Sorokin Lectures 3), Saskatoon 1972, 32 S.
9. *Trying Sociology*, New York u. a. 1974, x + 662 S. [Darin sind auch – in überarbeiteter Fassung – folgende Titel abgedruckt: Nr. 32, 55, 90, 56, 36, 30, 65, 53, 94, 69, 37, 83, 66, 51, 86, 86b, 61, 150, 35a, 42, 43, 46, 97, 33, 40, 48, 44, 59, 81 und 87].
   (a) Serbokroatische Teilübersetzung von Iskra Devčić und Svetlana Malnar-Gjoni: *Uvod u sociologija znanja* [Einleitung in die Wissenssoziologie], mit einer neuen Einleitung und einem Nachwort von Srdan Vrcan, Zagreb 1984, 242 S.

10. *Surrender and Catch. Experience and Inquiry Today*, mit einem Vorwort von Robert S. Cohen und Marx W. Wartofsky (Boston Studies in the Philosophy of Science 51), Dordrecht/Boston 1976, XIII + 410 S. [Darin sind auch – in überarbeiteter Fassung – folgende Titel abgedruckt: Nr. 205, 68, 67, 82b, 79, 71, 85, 95, 96 und 100].
(a) Paperback-Ausgabe: Pallas Paperback 1, Dordrecht/Boston 1976, IX + 410 S.
11. *Beyond the Sociology of Knowledge. An Introduction and a Development*, Lanham/New York/London 1983, VIII + 274 S. [Darin sind auch – in überarbeiteter Fassung – folgende Titel abgedruckt: Nr. 94, 69, 86, 86b, 61, 66, 33, 40, 48, 44, 59, 81 und 110].
12. *Fenomenologia e sociologia*, übersetzt von Consuelo Corradi und Alberto Izzo, mit einer Einleitung von Alberto Izzo, einer biographischen Notiz und einer Bibliographie, Rom 1984, 134 S. [italienische Übersetzung von Nr. 105].
13. *Survival and Sociology. Vindicating the Human Subject*, New Brunswick, N. J./London 1991, XI + 119 S. [Darin sind auch – in überarbeiteter Fassung – folgende Titel abgedruckt: Nr. 127, 119, 123, 109, 133, 131, 128 und 132].
(a) Deutsche Fassung: *Soziologie in der gefährdeten Welt. Zur Rehabilitierung des Individuums*, mit einer biographischen Notiz und einem Verzeichnis der Schriften Kurt H. Wolffs von Wilfried Dreyer, Frankfurt am Main 1998.
14. *Transformation in the Writing. A Case of Surrender-and-Catch*, mit einer Vorrede von Jonathan B. Imber und einer Einleitung von Joy Gordon (Boston Studies in the Philosophy of Science 166), Dordrecht/Boston/London 1995, XXIII + 211 S. [Darin sind auch – in überarbeiteter Fassung – folgende Titel abgedruckt: Nr. 126a, 108, 110, 135, 124, 112, 117, 134, 116, 111, 132 und 121].

B. Herausgeberschaften und Übersetzungen

15. *The Sociology of Georg Simmel*, übersetzt, hg. und mit einer Einleitung von Kurt H. Wolff, Glencoe, Ill. 1950, LXIV + 445 S.
(a) Paperback-Ausgabe: New York/London [1. Auflage] 1964, LXIV + 445 S.; [12. Auflage o. J.].
16. *Georg Simmel: Conflict*, übersetzt von Kurt H. Wolff, in: Georg Simmel: Conflict [übersetzt von Kurt H. Wolff]. The Web of Group-Affiliations [übersetzt von Reinhard Bendix], mit einem Vorwort von Everett C. Hughes, Glencoe, Ill. 1955, S. 12-123.
(a) Paperback-Ausgabe: New York/London [1. Auflage] 1964, S. 11 bis 123; [12. Auflage o. J.].
17. *Georg Simmel, 1858-1918. A Collection of Essays, with Translations*

and a Bibliography, hg. von Kurt H. Wolff, Columbus, Ohio 1959, 397 S. [darin auch drei Simmel-Übersetzungen von Kurt H. Wolff: *A Simmel Letter* (S. 241 f.), *The Problem of Sociology* (S. 310-336) und *How is Society Possible?* (S. 337-356)].
(a) Neuauflage unter dem Titel: *Georg Simmel u. a.: Essays on Sociology, Philosophy and Aesthetics*, hg. von Kurt H. Wolff, New York/London 1965.

18. *Emile Durkheim, 1858-1917. A Collection of Essays, with Translations and a Bibliography*, hg. von Kurt H. Wolff, Columbus, Ohio 1960, XIV + 463 S. [darin auch drei Durkheim-Übersetzungen von Kurt H. Wolff: *Prefaces to L'Année sociologique [Volume I and II]* (S. 341-353) und *Sociology and Its Scientific Field* (S. 354-375)].
(a) Neuauflage unter dem Titel: *Emile Durkheim u. a.: Essays on Sociology and Philosophy*, hg. von Kurt H. Wolff, New York/London 1964.
(b) Zweite Neuauflage: New York 1979.
19. *Transactions of the Fourth World Congress of Sociology, Milan and Stresa, 8-15 September, 1959. General Theme: Society and Sociological Knowledge*, Bd. 4: *The Sociology of Knowledge* [hg. von Kurt H. Wolff], Louvain 1961, 115 S.
20. *Karl Mannheim: Review of Georg Lukács's Theory of the Novel*, übersetzt von Kurt H. Wolff, in: Studies on the Left 3 (1963) Heft 3, S. 50-53.
21. *Karl Mannheim: The Ideological and the Sociological Interpretation of Intellectual Phenomena*, übersetzt von Kurt H. Wolff, in: Studies on the Left 3 (1963) Heft 3, S. 54-66.
22. *Karl Mannheim: Wissenssoziologie. Auswahl aus dem Werk*, eingeleitet und hg. von Kurt H. Wolff, mit einem Vorwort von Heinz Maus und Friedrich Fürstenberg (Soziologische Texte 28), Berlin/Neuwied 1964, 750 S. [2. Auflage 1970]
23. *The Critical Spirit. Essays in Honor of Herbert Marcuse*, hg. von Kurt H. Wolff und Barrington Moore, Jr., unter Mitarbeit von Heinz Lubasz, Maurice R. Stein und E. V. Walter, Boston 1967, XI + 436 S.
(a) Paperback-Ausgabe: Boston 1968.
(b) Italienische Übersetzung: *Lo spirito critico*, hg. von Kurt H. Wolff u. a., übersetzt von Maria Lucioni, Mailand 1974, 492 S.
24. *From Karl Mannheim*, hg. und mit einer Einleitung von Kurt H. Wolff, New York 1971, CXL + 393 S. [Darin sind auch folgende Titel abgedruckt: Nr. 20 und 21]
(a) Stark erweiterte Fassung: *From Karl Mannheim*, hg. von Kurt H. Wolff, mit einer Einleitung von Volker Meja und David Kettler, New Brunswick/London, zweite erweiterte Auflage 1993, XXXVI + 568 S.

25. *Newsletter, International Society for the Sociology of Knowledge* 5 (1979) Heft 2 [zu Ehren von Herbert Marcuse], hg. von Kurt H. Wolff.
26. *Human Studies* 3 (1980) Heft 4: *Special Issue in Memory of Talcott Parsons*, hg. von Kurt H. Wolff.
27. *Alfred Schutz. Appraisals and Developments*, hg. von Kurt H. Wolff, Dordrecht/Boston/Lancaster 1984, VIII + 151 S. [Wiederabdruck von: Human Studies 7 (1984) Heft 2].
28. *Georg Simmel: Foreword* [zu Rembrandt: Ein kunstphilosophischer Versuch], übersetzt von Kurt H. Wolff, in: Qualitative Sociology 16 (1993), S. 185-187.

C. Aufsätze und Beiträge in Sammelbänden

29. *Some Aspects of Modern Italian Sociology*, in: Southwestern Social Science Quarterly 21 (1940), S. 42-53.
30. *Traditionalists and Assimilationists. A Sample Study of the Jewish Population in Dallas, Texas*, in: Studies in Sociology [Southern Methodist University] 4 (1940), S. 20-25.
31. (zusammen mit Walter T. Watson), *Some Facts about Crime*, in: Southern Methodist University (Hg.), An Introduction to the Social Sciences, Dallas, Texas 1941, S. 64-71.
32. *Vilfredo Pareto*, in: Southwest Review 26 (1941), S. 347-359.
33. *The Sociology of Knowledge. Emphasis on an Empirical Attitude*, in: Philosophy of Science 10 (1943), S. 104-123.
(a) Wieder abgedruckt in: Indian Journal of Social Research 12 (1971), S. 81-98.
34. *Conceptions of the Sociology of Knowledge and a Seminar*, in: Ohio Valley Sociologist 16 (1945), S. 3-6.
35. *A Methodological Note on the Empirical Establishment of Culture Patterns*, in: American Sociological Review 10 (1945), S. 176-184.
(a) In erweiterter Fassung abgedruckt in: James E. Curtis/John W. Petras (Hg.), The Sociology of Knowledge. A Reader, New York/Washington 1970, S. 320-341.
36. *An Elementary Syllabus in the Sociology of the Jews*, in: Social Forces 24 (1945/46), S. 451-461.
(a) Wieder abgedruckt in: Milton L. Barron (Hg.), American Minorities, New York 1957, S. 377-388.
37. *Notes Toward a Sociocultural Interpretation of American Sociology*, in: American Sociological Review 11 (1946), S. 545-553.
38. *A Theory of Dealing with Experimental Poetry*, in: New Mexico Quarterly Review 16 (1946), S. 435-440.

39. *A Partial Analysis of Student Reactions to President Roosevelt's Death*, in: Journal of Social Psychology 26 (1947), S. 35-53.
40. *The Unique and the General. Toward a Philosophy of Sociology*, in: Philosophy of Science 15 (1948), S. 192-210.
(a) Wieder abgedruckt in: Indian Journal of Social Research 12 (1971), S. 165-182.
(b) Spanische Übersetzung: *Lo singular y lo general. Hacia una filosofía de la sociología*, in: Irving Louis Horowitz (Hg.), Historia y elementos de la sociología del conocimiento, Buenos Aires 1964, Bd. 2, S. 275-296.
41. *Contribution* zum Symposium »Jewish Social Research in America«, in: YIVO Annual of Jewish Social Science 4 (1949), S. 203-205.
42. *Culture Change in Loma*, in: The Ohio Journal of Science 50 (1950), S. 53-59.
43. *Leadership in Loma*, in: The Ohio Journal of Science 50 (1950), S. 210-220.
44. *On the Scientific Relevance of »Imputation«*, in: Ethics 61 (1950), S. 69-73.
45. *Experiments in Interpretation*, Columbia, SC 1951 [mimeogr.].
46. *The Collection and Organization of Field Materials*, in: The Ohio Journal of Science 52 (1952), S. 49-61.
(a) Wieder abgedruckt in: Richard N. Adams/Jack J. Preiss (Hg.), Human Organization Research. Relations and Techniques, Homewood, Ill. 1960, S. 240-254.
47. *Loma Culture Change. A Contribution to the Study of Man*, Columbus, Ohio 1952 [mimeographiert].
48. *A Preliminary Inquiry into the Sociology of Knowledge from the Standpoint of the Study of Man*, in: Scritti di sociologia e politica in onore di Luigi Sturzo, Bologna 1953, Bd. 3, S. 583-623.
(a) Wieder abgedruckt in: Indian Journal of Social Research 12 (1971), S. 1-23.
49. *The World as Underdeveloped*, in: Atti del congresso internazionale di studio sul problema delle aree arretrate, Mailand 1955, Bd. 3: Communicazioni, S. 505-508.
50. (zusammen mit John W. Bennett), *Toward Communication between Sociology and Anthropology*, in: Yearbook of Anthropology 1 (1955), S. 329-351.
(a) Wieder abgedruckt in: William L. Thomas, Jr. (Hg.), Current Anthropology, Chicago 1956, S. 329-351.
51. *Before and After Sociology*, in: Transactions of the Third World Congress of Sociology/Actes du troisième congrès mondial de sociologie, Amsterdam 22-29 August, 1956. General Theme: Problems of Social Change in the 20th Century, Bd. 7: Sociology in 1956, London 1956, S. 151-160.

52. *Life-Histories of a Spanish-American Man and Two Women*, in: Microcard Publications of Primary Records in Culture and Personality 1 (1956) Nr. 18 [Madison, Wisc.], 3 microcards (75 S.).
53. *On Germany and Ourselves*, in: Southwest Review 41 (1956), S. 50 bis 63.
54. *School Compositions of 25 Spanish-American Children*, in: Microcard Publications of Primary Records in Culture and Personality 2 (1957) Nr. 15 [Madison, Wisc.], 3 microcards (102 S.).
55. *The Challenge of Durkheim and Simmel*, in: The American Journal of Sociology 63 (1957/58), S. 590-596.
(a) Wieder abgedruckt in: Larry Ray (Hg.), Formal Sociology. The Sociology of Georg Simmel (Schools of Thought in Sociology 6), Hants/Brookfield 1991, S. 67-73.
(b) Wieder abgedruckt in: David Frisby (Hg.), Georg Simmel. Critical Assessments, Bd. 1, London/New York 1994, S. 189-198.
56. *Social Control*, in: Joseph S. Roucek (Hg.), Contemporary Sociology, New York 1958, S. 110-131.
(a) Wieder abgedruckt in: Joseph S. Roucek (Hg.), Readings in Contemporary American Sociology, Paterson, New Jersey 1961, S. 110 bis 131.
57. *Preface*, in: Georg Simmel, 1858-1918. A Collection of Essays, with Translations and a Bibliography, hg. von Kurt H. Wolff, Columbus, Ohio 1959, S. IX-XV.
(a) Auch in der Neuauflage unter dem Titel: Georg Simmel u. a.: Essays on Sociology, Philosophy and Aesthetics, hg. von Kurt H. Wolff, New York/London 1965.
58. *Bibliography of Simmel's Books in German and His Writings Which Are Available in English*, in: Georg Simmel, 1858-1918. A Collection of Essays, with Translations and a Bibliography, hg. von Kurt H. Wolff, Columbus, Ohio 1959, S. 377-382.
(a) Auch in der Neuauflage unter dem Titel: Georg Simmel u. a.: Essays on Sociology, Philosophy and Aesthetics, hg. von Kurt H. Wolff, New York/London 1965.
59. *The Sociology of Knowledge and Sociological Theory*, in: Llewellyn Gross (Hg.), Symposium on Sociological Theory, Evanston/White Plains 1959, S. 567-602.
(a) Wieder abgedruckt in: Larry T. Reynolds/Janice M. Reynolds (Hg.), The Sociology of Sociology, New York 1970, S. 31-67.
(b) Teilabdruck (S. 579-587) in: James E. Curtis/John W. Petras (Hg.), The Sociology of Knowledge. A Reader, New York/Washington 1970, S. 545-556.
(c) Italienische Übersetzung: *Sociologia della conoscenza e teoria sociologica*, in: Alberto Izzo (Hg.), Il condizionamento sociale del pensiero, Turin 1969, S. 231-287.

60. *The Means-End Scheme in Contemporary Sociology and Its Relation to an Analysis of Nonviolence*, Oslo 1959 [mimeographiert].
61. *Sociology and History. Theory and Practice*, in: The American Journal of Sociology 65 (1959/60), S. 32-38.
62. *Preface*, in: Emile Durkheim, 1858-1917. A Collection of Essays, with Translations and a Bibliography, hg. von Kurt H. Wolff, Columbus, Ohio 1960, S. VII-XIV.
(a) Auch in der Neuauflage unter dem Titel: Emile Durkheim u. a.: Essays on Sociology and Philosophy, hg. von Kurt H. Wolff, New York/London 1964.
(b) Auch in der Neuauflage: New York 1979.
63. *An Introductory Durkheim Bibliography*, in: Emile Durkheim, 1858-1917. A Collection of Essays, with Translations and a Bibliography, hg. von Kurt H. Wolff, Columbus, Ohio 1960, S. 437-445.
(a) Auch in der Neuauflage unter dem Titel: Emile Durkheim u. a.: Essays on Sociology and Philosophy, hg. von Kurt H. Wolff, New York/London 1964.
b. Auch in der Neuauflage: New York 1979.
64. *Editorial Note*, in: Transactions of the Fourth World Congress of Sociology, Milan and Stresa, 8-15 September, 1959. General Theme: Society and Sociological Knowledge, Bd. 4: The Sociology of Knowledge [hg. von Kurt H. Wolff], Louvain 1961, S. V-IX.
65. *Exercise in Commemoration*, in: Jewish Quarterly 8 (1961), S. 14 bis 17.
66. *On the Significance of Hannah Arendt's ›The Human Condition‹ for Sociology*, in: Inquiry 4 (1961), S. 67-106.
67. *Surrender and Religion*, in: Journal for the Scientific Study of Religion 2 (1962), S. 36-50.
(a) Teilabdruck (S. 41-47) unter dem Titel: *On »Surrender«*, in: Warren G. Bennis/Edgar H. Schein/David E. Berley/Fred I. Steele (Hg.), Interpersonal Dynamics. Essays and Readings on Human Interaction, Homewood, Ill. 1964, S. 44-52.
68. *Surrender as a Response to Our Crisis*, in: Journal of Humanistic Psychology 2 (1962) Heft 2, S. 16-30.
69. *The Enemy Within. Anti-Intellectualism*, in: The Centennial Review 7 (1963), S. 46-63.
70. *Karl Mannheim on Interpretation. Introductory Notes*, in: Studies on the Left 3 (1963) Heft 3, S. 45-49.
71. *Surrender and Aesthetic Experience*, in: Review of Existential Psychology and Psychiatry 3 (1963), S. 209-226.
72. *Karl Mannheim in seinen Abhandlungen bis 1933*, in: Karl Mannheim: Wissenssoziologie. Auswahl aus dem Werk, eingeleitet und hg. von Kurt H. Wolff, Berlin/Neuwied 1964, S. 11-65.
73. *Biographische Notiz*, in: Karl Mannheim: Wissenssoziologie. Aus-

wahl aus dem Werk, eingeleitet und hg. von Kurt H. Wolff, Berlin/Neuwied 1964, S. 691.
74. *Bibliographie*, in: Karl Mannheim: Wissenssoziologie. Auswahl aus dem Werk, eingeleitet und hg. von Kurt H. Wolff, Berlin/Neuwied 1964, S. 692-710.
75. *Introductory Remarks*, in: Transactions of the Fifth World Congress of Sociology/Actes du cinquième congrès mondial de sociologie. Washington D. C., 2-8 September, 1962, Bd. 4: Nature and Problems of Sociological Theory. Sociology of Knowledge. The Research Committees. Abstracts of Papers and Discussions, Louvain 1964, S. 191 f.
76. *Note sul profilarsi di una nuova scienza sociale*, in: Centro sociale 55/56 (1964), S. 30-40.
77. *Questions* [to Martin Buber], in: Sydney Rome/Beatrice Rome (Hg.), Philosophical Interrogations, New York 1964, S. 49, 69, 112.
78. *Sociologia alla prova*, in: Quaderni di sociologia 13 (1964), S. 215 bis 223.
79. *Surrender and Community Study. The Study of Loma*, in: Arthur J. Vidich/Joseph Bensman/Maurice R. Stein (Hg.), Reflections on Community Studies, New York 1964, S. 233-263.
(a) Überarbeitete italienische Fassung: *La »resa« e lo studio delle comunita*, in: Quaderni di sociologia 13 (1964), S. 395-432.
80. *Contribution* zum Symposium »Uomo storia cultura. Nuove prospettive«, hg. von Associazione per il progresso degli studi morali e religiosi, Rom 1964, S. 19-25 [als Manuskript gedruckt].
81. *Ernst Grünwald and the Sociology of Knowledge. A Collective Venture in Interpretation*, in: Journal of the History of the Behavioral Sciences 1 (1965), S. 152-164.
82. *Hinnahme und Rebellion. Eine Interpretation von Camus' L'homme révolté*, in: Kölner Zeitschrift für Soziologie und Sozialpsychologie 17 (1965), S. 909-936.
(a) Serbokroatische Übersetzung: *Predaja i pobuna*, in: Praxis [Jugoslawische Ausgabe] 3 (1967), S. 350-372.
(b) Englische Fassung: *Surrender and Rebellion. A Reading of Camus' The Rebel*, in: Indian Journal of Social Research 11 (1970), S. 167-184.
83. *A Note on Morality and Society*, in: Estudios de sociología 9 (1965), S. 191-194.
84. *Surrender and Autonomy and Community*, in: Humanitas 1 (1965), S. 173-181.
85. *Beginning: In Hegel and Today*, in: The Critical Spirit. Essays in Honor of Herbert Marcuse, hg. von Kurt H. Wolff und Barrington Moore, Jr., unter Mitarbeit von Heinz Lubasz, Maurice R. Stein und E. V. Walter, Boston 1967, S. 72-105.

(a) Auch in der Paperback-Ausgabe: Boston 1968.
(b) Serbokroatische Übersetzung: *Pocetak, kod Hegela i danas*, in: Filosofija 1-2 (1968), S. 155-179.
(c) Italienische Übersetzung: *Il cominciamento, in Hegel e oggi*, in: Lo spirito critico, hg. v. Kurt H. Wolff u. a., Mailand 1974, S. 92-129.
86. *Pour une sociologie du mal*, in: L'homme et la société 4 (1967), S. 197-213.
(a) Serbokroatische Übersetzung: *Za sociologiju zla*, in: Gledista 9 (1968) Heft 4, S. 649-664.
(b) Englische Fassung: *For a Sociology of Evil*, in: Journal of Social Issues 25 (1969) Heft 1, S. 111-125.
87. *The Sociology of Knowledge in the United States of America. A Trend Report and Bibliography*, in: Current Sociology 15 (1967) Heft 1, S. 1-56.
88. *Über die Vorraussetzungen [sic] der Wissenssoziologie*, in: Praxis [Internationale Ausgabe] 3 (1967), S. 373-384.
(a) Serbokroatische Übersetzung: *O pretpostavkama sociologije znanja*, in: Praxis [Jugoslawische Ausgabe] 3 (1968), S. 145-153.
89. (zusammen mit Barrington Moore, Jr.:) *Introduction: What is The Critical Spirit?*, in: The Critical Spirit. Essays in Honor of Herbert Marcuse, hg. von Kurt H. Wolff und Barrington Moore, Jr., unter Mitarbeit von Heinz Lubasz, Maurice R. Stein und E. V. Walter, Boston 1967, S. VII-XI.
(a) Auch in der Paperback-Ausgabe: Boston 1968.
(b) Italienische Übersetzung in: Lo spirito critico, hg. von Kurt H. Wolff u. a., Mailand 1974.
90. *Georg Simmel*, in: Praxis [Internationale Ausgabe] 4 (1968), S. 404 bis 414 [in Englisch].
(a) Serbokroatische Übersetzung: *Georg Simmel*, in: Praxis [Jugoslawische Ausgabe] 3-4 (1969), S. 441-452.
91. *Bracketing Marx*, in: Praxis [Internationale Ausgabe] 1-2 (1969), S. 84 f.
92. *Introduction. A Reading of Karl Mannheim*, in: From Karl Mannheim, hg. und mit einer Einleitung von Kurt H. Wolff, New York 1971, S. XI-CXXXIII.
(a) *Introduction. A Reading of Karl Mannheim*, in: From Karl Mannheim, hg. von Kurt H. Wolff, mit einer Einleitung von Volker Meja und David Kettler, New Brunswick/London, zweite erweiterte Auflage 1993, S. 1-123.
93. *Bibliography of Mannheim's Writings*, in: From Karl Mannheim, hg. und mit einer Einleitung von Kurt H. Wolff, New York 1971, S. CXXXV-CXL.
(a) *Bibliography of Mannheim's Writings*, in: From Karl Mannheim, hg. von Kurt H. Wolff, mit einer Einleitung von Volker Meja und

David Kettler, New Brunswick/London, zweite erweiterte Auflage 1993, S. 125-130.
94. *The Intellectual: Between Culture and Politics*, in: International Journal of Contemporary Sociology 8 (1971), S. 13-34.
(a) Niederländische Übersetzung: *Te intellectueel; tussen cultuur en politiek*, in: G. van Benthen van den Bergh/David Kettler (Hg.), Intellectuelen tussen macht en wetenschap, Amsterdam 1973, S. 50 bis 76.
95. *On the Cunning of Reason in our Time*, in: Praxis [Internationale Ausgabe] 7 (1971) Heft 1-2, S. 129-137.
(a) Serbokroatische Übersetzung: *O lukavstvu uma u nase vrijeme*, in: Praxis [Jugoslawische Ausgabe] 5-6 (1970), S. 813-821.
96. *Sociology, Phenomenology, and Surrender-and-Catch*, in: Synthèse 24 (1972), S. 439-471.
97. *This is the Time for Radical Anthropology*, in: Dell Hymes (Hg.), Reinventing Anthropology, New York 1972, S. 99-118.
98. *Toward Radicalism in Sociology and Every Day*, in: George Psathas (Hg.), Phenomenological Sociology. Issues and Applications, New York u. a. 1973, S. 47-58.
99. *Some Letters from and to John Dewey, 1948-50*, in: Sociological Abstracts 22 (1974) Heft 5, S. 1-23.
100. *Surrender and the Body*, in: Cultural Hermeneutics 2 (1974), S. 19 bis 60.
101. (zusammen mit Barrie Thorne:) *Notes on the Sociology of Knowledge and Linguistics*, in: Dell Hymes (Hg.), Studies in the History of Linguistics. Traditions and Paradigms, Bloomington 1974, S. 502-510.
102. *Introduction to Fifty Years of ›Sociology of Knowledge‹*, in: Cultural Hermeneutics 3 (1975/76), S. 1-6.
103. *Toward Understanding the Radicalness of Surrender*, in: Sociological Analysis 38 (1977), S. 397-401.
104. *Karl Mannheim*, in: Dirk Käsler (Hg.), Klassiker des soziologischen Denkens, Bd 2: Von Weber bis Mannheim, München 1978, S. 286-387, 489-497, 545-565.
105. *Phenomenology and Sociology*, in: Tom Bottomore/Robert Nisbet (Hg.), A History of Sociological Analysis, New York 1978, S. 499 bis 556.
(a) Britische Ausgabe: London 1979, S. 499-556.
(b) Paperback-Ausgabe: New York 1981.
106. *Gedanken zu Max Schelers »Erkenntnis und Arbeit«*, in: Nico Stehr/Volker Meja (Hg.), Wissenssoziologie (Sonderheft 22 der Kölner Zeitschrift für Soziologie und Sozialpsychologie), Opladen 1981, S. 335-342.
107. *On This Occasion*, in: New England Sociologist 4 (1982), S. 8-12.

108. *On »Trying Sociology«, »Surrender,« and the Sociology of Knowledge*, in: Newsletter, International Society for the Sociology of Knowledge 8 (1982) Heft 1-2, S. 63-65.
109. *Scheler's Shadow on Us*, in: Anna-Teresa Tymieniecka (Hg.), The Phenomenology of Man and of the Human Condition. Individualisation of Nature and the Human Being, Bd. 1: Plotting the Territory for Interdisciplinary Communication (Analecta Husserliana 14), Dordrecht/Boston/London 1983, S. 113-121.
110. *The Sociology of Knowledge and Surrender-and-Catch*, in: Canadian Journal of Sociology/Cahiers canadiens de sociologie 8 (1983), S. 421-432.
(a) Italienische Fassung: *La sociologia della conoscenza e »resa e cattura«*, in: La critica sociologica 67 (1983) Heft: autunno, S. 28 bis 41.
111. *Surrender-and-Catch and Critical Theory*, in: Praxis [Internationale Ausgabe] 3 (1983) Heft 2, S. 147-160.
112. *Surrender to Morality as the Morality of Surrender*, in: Anna-Teresa Tymieniecka/Calvin O. Schrag (Hg.), Foundations of Morality, Human Rights, and the Human Sciences. Phenomenology in a Foundational Dialogue with the Human Sciences (Analecta Husserliana 15), Dordrecht/Boston/London 1983, S. 495-499.
113. *Contribution* zum »Symposium on Religion and Politics«, in: Telos 58 (1983/84), S. 156 f.
114. *Karl Mannheim. An Intellectual Itinerary*, in: Society 21 (1984) Heft 3 [149], S. 71-74.
115. *Preface*, in: Human Studies 7 (1984), S. 105 f.
(a) Wieder abgedruckt in: Alfred Schutz. Appraisals and Developments, hg. von Kurt H. Wolff, Dordrecht/Boston/Lancaster 1984, S. VII f.
116. *Surrender-and-Catch and Hermeneutics*, in: Philosophy & Social Criticism 10 (1984), S. 1-15.
117. *Surrender-and-Catch and Phenomenology*, in: Human Studies 7 (1984), S. 191-210.
(a) Wieder abgedruckt in: Alfred Schutz. Appraisals and Developments, hg. von Kurt H. Wolff, Dordrecht/Boston/Lancaster 1984, S. 85-104.
118. *Ein Zugang zu Simmel*, in: Heinz-Jürgen Dahme/Otthein Rammstedt (Hg.), Georg Simmel und die Moderne. Neue Interpretationen und Materialien, Frankfurt am Main 1984, S. 174-177.
119. *Art Now?*, in: Kairos 1 (1985) Heft 4, S. 72-81.
120. *Foreword*, in: Fiona Mackie, The Status of Everyday Life. A Sociological Excavation of the Prevailing Framework of Perception, London u. a. 1985, S. IX f.
121. *»Nineteen-Eighty-Four« and »Surrender-and-Catch«*, in: Shlomo

Giora Shoham/Francis Rosenstiel (Hg., für den Europarat), And He Loved Big Brother. Man, State and Society in Question, Houndmills/Basingstoke/London 1985, S. 119-124.

122. *Responsibility and Freedom in the School*, in: David E. Purpel/H. Svi Shapiro (Hg.), Schools and Meaning. Essays on the Moral Nature of Schooling, Lanham/New York/London 1985, S. 85-94.
(a) Überarbeitete Fassung in: Manuel J. Peláez (Hg.), Sociologie comparée de la famille, de la santé et de l'éducation/Comparative Sociology of Family, Health and Education, Bd. 20 (1991), S. 6317 bis 6322.

123. *A Sociological Approach to the History of Sociology*, in: Journal of the History of the Behavioral Sciences 21 (1985), S. 342-344.

124. *Exploring Relations Between Surrender-and-Catch and Poetry, Sociology, Evil*, in: Human Studies 9 (1986), S. 347-364.

125. *Versuch zu einem Karl Wolfskehl*, in: Claus K. Netuschil (Hg.), Almanach 1986, Darmstadt o. J. [1986], S. 32-39.

126. *Authentizität in Loma und die Authentizität von »Loma«*, in: Hans Peter Duerr (Hg.), Authentizität und Betrug in der Ethnologie, Frankfurt am Main 1987, S. 95-110.
(a) Englische Fassung: *Authenticity in Loma and of ›Loma‹*, in: Critique of Anthropology 7 (1987/88) Heft 3, S. 81-91.

127. *Sociology?*, in: William Outhwaite/Michael Mulkay (Hg.), Social Theory and Social Criticism. Essays for Tom Bottomore, Oxford/New York 1987, S. 10-16.
(a) Serbokroatische Übersetzung: *Sociologija?*, in: Socioloski pregled 21 (1987) Heft 4, S. 101-106.

128. *Anomie and the Sociology of Knowledge, in Durkheim and Today*, in: Philosophy & Social Criticism 14 (1988), S. 53-67.

129. *The Supremacy of Method. A Response to Dominick La Capra*, in: Stephen D. Dowden (Hg.), Hermann Broch. Literature, Philosophy, Politics. The Yale Broch Symposium 1986, Columbia, SC 1988, S. 54-60.

130. *Hermann Broch and the Rescue of Reason*, in: Stephen D. Dowden (Hg.), Hermann Broch. Literature, Philosophy, Politics. The Yale Broch Symposium 1986, Columbia, SC 1988, S. 107-109.

131. *The Idea of Surrender-and-Catch Applied to the Phenomenon of Karl Mannheim*, in: Theory, Culture & Society 5 (1988), S. 715 bis 734.

132. *From Nothing to Sociology*, in: Philosophy of the Social Sciences 19 (1989), S. 321-339.
(a) Italienische Übersetzung: *Dal nulla alla sociologia*, in: La critica sociologica 88 (1988/89), S. 1-23.
(b) Deutsche Fassung: *Von Nichts zu Soziologie*, in: Jahrbuch für Soziologiegeschichte 1991, Opladen 1992, S. 7-26.

133. *Into Alfred Schütz's World*, in: Eugene F. Kaelin/Calvin O. Schrag (Hg.), American Phenomenology. Origins and Developments (Analecta Husserliana 26), Dordrecht/Boston/London 1989, S. 73 bis 84.
134. *On My Brush with Phenomenology*, in: Eugene F. Kaelin/Calvin O. Schrag (Hg.), American Phenomenology. Origins and Developments (Analecta Husserliana 26), Dordrecht/Boston/London 1989, S. 442-445.
135. *»Surrender-and-Catch« and Sociology*, in: Henry Etzkowitz/Ronald M. Glassman (Hg.), The Renascence of Sociological Theory, Itasca, Ill. 1991, S. 201-224.
136. *A proposito del soggetto umano in sociologia, oggi* [Ein Vorschlag für ein menschliches Subjekt in der Soziologie heute], in: La critica sociologica 103 (1992) Heft 3, S. 84-88.
137. *Introduzione. Con rispetto ed auguri*, in: Consuelo Corradi: Lo sguardo e la conoscenza. La metodologia sociologica come visione e immaginazione, Mailand 1993, S. 9-12.
138. *Sociology and Meaning*, in: Philosophy & Social Criticism 19 (1993), S. 287-292.
(a) Italienische Übersetzung: *Sociologia e significato*, in: La critica sociologica 109 (1994), S. 1-6.
139. *In Memory of Leo Chall*, in: Qualitative Sociology 17 (1994), S. 439 f.
140. *Karl Mannheim and Surrender-and-Catch: An Essay in Autobiographical History of Ideas*, in: Canadian Journal of Sociology/Cahiers canadiens de sociologie 19 (1994), S. 371-377.
141. *Surrender and the Other*, in: Anthropological Journal on European Cultures 3 (1994), S. 155-168.
(a) Deutsche Fassung: *Hingebung und der Andere*, in: Felicitas Dörr-Backes/Ludwig Nieder (Hg.), Georg Simmel between Modernity and Postmodernity/Georg Simmel zwischen Moderne und Postmoderne, Würzburg 1995, S. 189-201.
142. *Foreword – Léo Bronstein. A Fragment to Begin with*, in: Léo Bronstein: Fragments of Life, Metaphysics and Art, New Brunswick/London (2. Auflage) 1995, S. XI-XV.
143. *From ›Dualism of Human Nature‹ to ›Human Being as a Mixed Phenomenon‹*, in: Kostas Gavroglu/John Stachel/Marx W. Wartofsky (Hg.), Science, Politics and Social Practice. Essays on Marxism and Science, Philosophy of Culture and the Social Sciences, Festschrift für Robert S. Cohen, Bd. 2 (Boston Studies in the Philosophy of Science 164), Dordrecht/Boston/London 1995, S. 235 bis 246.
144. *On the Way to Simmel*, in: Simmel Newsletter 6 (1996) Heft 1, S. 79-86.

145. *Foreword. Jerry Boime's Longing*, in: Violence and Utopia. The Work of Jerome Boime, hg. von Albert Boime, Lanham/New York/London 1996, S. V-VII.

146. *On the Landscape of the Relation Between Hannah Arendt and Martin Heidegger*, in: The American Sociologist 28 (1997), S. 126 bis 136.

D. Lexikonbeiträge

147. Beiträge in: Internationales Soziologenlexikon, hg. von Wilhelm Bernsdorf, Stuttgart 1959.
[(a) Bd. 1 = Internationales Soziologenlexikon, Bd. 1: Beiträge über bis Ende 1969 verstorbene Soziologen, hg. von Wilhelm Bernsdorf und Horst Knospe, 2. (neubearbeitete) Auflage, Stuttgart 1980].
[(a) Bd. 2 = Internationales Soziologenlexikon, Bd. 2: Beiträge über lebende oder nach 1969 verstorbene Soziologen, hg. von Wilhelm Bernsdorf und Horst Knospe, 2. (neubearbeitete) Auflage, Stuttgart 1984]:
Art. *Barber, Bernhard* (S. 20 f.) [(a) Bd. 2: S. 48 f.].
Art. *Becker, Howard* [zweiter Teil – zur Wissenssoziologie] (S. 31 f.) [(a) Bd. 1: S. 26].
Art. *Child, Arthur* (S. 90 f.) [(a) Bd. 2: S. 138 f.].
Art. *DeGré, Gerard* (S. 112 f.) [(a) Bd. 2: S. 171 f.].
Art. *Hartung, Frank E.* (S. 205 f.) [(a) Bd. 2: S. 336 f.].
Art. *Hinshaw, Jr., Virgil* (S. 220 f.) [(a) Bd. 2: S. 360].
Art. *Lavine, Thelma Z.* (S. 297 f.) [(a) Bd. 2: S. 475].
Art. *Merton, Robert King* [zweiter Teil – zur Wissenssoziologie] (S. 382 f.) [(a) Bd. 2: S. 571 f.].
Art. *Mills, Charles Wright* [zweiter Teil – zur Wissenssoziologie] (S. 392 f.) [(a) Bd. 1: S. 291].
Art. *Nettler, Gwynn* [sic] [(a) Bd. 2: S. 616 f.].
Art. *Parsons, Talcott* [zweiter Teil – zur Wissenssoziologie] (S. 433 f.) [(a) Bd. 2: S. 651 f.].
Art. *Sorokin, Pitirim Alexandrowitsch* [zweiter Teil – zur Wissenssoziologie] (S. 523 f.) [(a) Bd. 1: S. 402 f.].
Art. *Wirth, Louis* [zweiter Teil – zur Wissenssoziologie] (S. 644 f.) [(a) Bd. 1: S. 503].
Art. *Zilsel, Edgar* (S. 655 f.) [(a) Bd. 1: S. 512 f.].

148. Drei Beiträge in: A Dictionary of the Social Sciences, hg. von Julius Gould und William L. Kolb (für die UNESCO), New York/Toronto 1964:
Art. *Cultural Lag* (S. 158 f.).
Art. *Definition of the Situation* (S. 182).
Art. *Social Control* (S. 650-652).

149. Vier Beiträge in: Wörterbuch der Soziologie, hg. von Wilhelm Bernsdorf, zweite, neubearbeitete und erweiterte Ausgabe, Stuttgart 1969.
Art. *Cultural Lag* (S. 172 f.).
Art. *Definition der Situation* (S. 175-177).
Art. *Soziale Kontrolle (Social Control)* (S. 965-970).
Art. *Wissenssoziologie II: Vereinigte Staaten* (S. 1299-1304).
(a) [Taschenbuchausgabe in 3 Bänden:] Wörterbuch der Soziologie, hg. von Wilhelm Bernsdorf, Bde. 1-3, Frankfurt am Main 1972 [zweite Auflage 1973; dritte und vierte Auflage 1975].
Art. *Cultural Lag* (Bd. 1, S. 144 f.).
Art. *Definition der Situation* (Bd. 1, S. 148 f.).
Art. *Soziale Kontrolle (Social Control)* (Bd. 3, S. 722-726).
Art. *Wissenssoziologie II: Vereinigte Staaten* (Bd. 3, S. 935-937).

E. Korreferate, Besprechungsessays und Rezensionen (in Auswahl)

150. *A Critique of Bateson's Naven*, in: Journal of the Royal Anthropological Institute 74 (1944), S. 59-74.
151. *Comments on a Point in Gwynne Nettler's »Toward a Definition of the Sociologist«*, in: American Sociological Review 13 (1948), S. 98 bis 100.
152. *Rezension zu Georges Gurvitch: La vocation actuelle de la sociologie. Vers une sociologie différentielle*, in: American Sociological Review 16 (1951), S. 119-121.
153. *Comment on R. A. Nisbet's Review of »The Tyranny of Progress« by Albert Salomon*, in: American Sociological Review 21 (1956), S. 227 f.
154. *Rezension zu Americo Castro: The Structure of Spanish History*, in: The American Journal of Sociology 61 (1955/56), S. 387 f.
(a) Wieder abgedruckt in: Americo Castro: La Realidad Historica de España. Juicios y Comentarios, Mexico 1957, S. 66.
155. *Rezension zu René Toulemont: Sociologie et pluralisme dialectique. Introduction à l'œuvre de Georges Gurvitch*, in: The American Journal of Sociology 62 (1956/57), S. 430.
156. *Values in Action. A Comment*, in: Human Organization 17 (1958), S. 10-12.
157. *Comment on Papers by Bennett, Steward, and Holmberg. Involvement in Planned Social Change*, in: Human Organization 18 (1959), S. 10-12.
158. *Rezension zu Paul Lazarsfeld/Wagner Thielens, Jr.: The Academic Mind. Social Scientists in a Time of Crisis. With a Field Report by*

David Riesman, in: The Ohio State Morning Lantern, 27. April 1959, S. 2 und S. 6.
159. *Rezension zu Georg Simmel: Soziologie. Untersuchungen über die Formen der Vergesellschaftung* [4. Auflage 1958], in: The American Journal of Sociology 65 (1959/60), S. 519 f.
160. *Korreferat zu Ursula Jaerisch: Bildungssoziologische Ansätze bei Max Weber*, in: Verhandlungen des 15. Deutschen Soziologentages: Max Weber und die Soziologie heute, hg. von Otto Stammer, Tübingen 1965, S. 296-299.
161. *Rezension zu Franco Ferrarotti: Max Weber e il destino della ragione*, in: Social Research 32 (1965), S. 487-490.
162. *Rezension zu David L. Sills (Hg.), International Encyclopedia of the Social Sciences*, in: American Sociological Review 33 (1968), S. 808-813.
163. *Comment* [zu: Werner Stark: Humanistic and Scientific Knowledge of Religion. Their Social Context and Contrast], in: Journal of the American Academy of Religion 38 (1970), S. 173-175.
164. *Rezension zu Nevitt Sanford/Craig Comstock u. a.: Sanctions for Evil*, in: American Journal of Sociology 77 (1971/72), S. 1229 f.
165. *A Very Brief Commentary on Helmut R. Wagner's »Between Ideal Type and Surrender«*, in: Human Studies 1 (1978), S. 165 f.
166. *A Note on Mildred Bakan's »Wolff's Surrender and Catch«*, in: Philosophy & Social Criticism 6 (1979), S. 447-449.
167. *Rezension zu A. P. Simonds: Karl Mannheim's Sociology of Knowledge*, in: Social Science Quarterly 60 (1979), S. 533 f.
168. *Rezension zu Ellsworth R. Fuhrman: The Sociology of Knowledge in America 1883-1915*, in: Sociology. Reviews of New Books 8 (1980), S. 2-3.
169. *Rezension zu John Carroll: Sceptical Sociology*, in: Sociology. Reviews of New Books 8 (1980), S. 26.
170. *Rezension zu Alan F. Blum: Socrates. The Original and Its Images*, in: Contemporary Sociology 9 (1980), S. 548 f.
171. *Rezension zu Charles David Axelrod: Studies in Intellectual Breakthrough. Freud, Simmel, Buber*, in: Human Studies 4 (1981), S. 97-104.
172. *Rezension zu J. P. Ward: Poetry and the Sociological Idea*, in: Contemporary Sociology 11 (1982), S. 674 f.
173. *Discussion of Wagner, Imber, and Rasmussen*, in: Human Studies 7 (1984), S. 133-139.
(a) Wieder abgedruckt in: Alfred Schutz. Appraisals and Developments, hg. von Kurt H. Wolff, Dordrecht u. a. 1984, S. 27-33.
174. *Rezension zu Jürgen Habermas: Philosophical-Political Profiles* und *Helmut R. Wagner: Alfred Schutz. An Intellectual Biography*, in: Contemporary Sociology 13 (1984), S. 422-424.

175. *Rezension zu Roger Tulin: A Machinist's Semi-Automated Life*, in: Contemporary Sociology 14 (1985), S. 378.
176. *From Beginning to Irony. »Self-Reflection in the Arts and Sciences« by Alan Blum and Peter McHugh*, in: Phenomenology and Pedagogy 4 (1986), S. 69-78.
177. *Leben mit Philosophie und Soziologie* [Essay über: Alfred Schütz/Aron Gurwitsch, Briefwechsel 1939-1959. Mit einer Einleitung von Ludwig Landgrebe hg. von Richard Grathoff], in: Soziologische Revue 10 (1987), S. 369-373.
178. *Rezension zu Eckart Huke-Didier: Die Wissenssoziologie Karl Mannheims in der Interpretation durch die Kritische Theorie – Kritik einer Kritik; Colin Loader: The Intellectual Development of Karl Mannheim. Culture, Politics, and Planning; Mary Gluck: Georg Lukács and His Generation 1900-1918; Éva Karádi und Erzsébet Vezér (Hg.): Georg Lukács, Karl Mannheim und der Sonntagskreis*, in: Kölner Zeitschrift für Soziologie und Sozialpsychologie 40 (1988), S. 180-185.
179. *Rezension zu Leo Lowenthal: An Unmastered Past. The Autobiographical Reflections of Leo Lowenthal* und *ders., False Prophets. Studies on Authoritarianism*, in: Contemporary Sociology 17 (1988), S. 811-813.
180. *Rezension zu Henk E. S. Woldring: Karl Mannheim. The Development of His Thought*, in: Social Forces 67 (1988/89), S. 539-541.
181. *Rezension zu Philosophers in Exile. The Correspondence of Alfred Schutz and Aron Gurvitsch, 1939-1959, hg. von Richard Grathoff, übers. von J. Claude Evans*, in: Contemporary Sociology 19 (1990), S. 914 f.
182. *Rezension zu Vivian Darroch-Lozowski: Notebook of Stone. From the Tibetan Tableau and Berlin*, in: Human Studies 14 (1991), S. 99-104.
183. *Rezension zu Erhard R. Wiehn (Hg.), Juden in der Soziologie. Eine öffentliche Vortragsreihe an der Universität Konstanz, 1989*, in: Contemporary Sociology 20 (1991), S. 327.
184. *Rezension zu Ilja Srubar: Kosmion. Die Genese der pragmatischen Lebensweltheorie von Alfred Schütz und ihr anthropologischer Hintergrund*, in: Contemporary Sociology 20 (1991), S. 498 f.
185. *A First Response to the Preceding Essays* [zu Essays über Nr. 10, 187 und 13], in: Human Studies 16 (1993), S. 353-357.
186. *A Rejoinder, Which Turns out to Be Loma or the Good Society* [zu Essays über Nr. 187], in: Human Studies 19 (1996), S. 359-364.

II. Autobiographisches und Interviews

F. Bücher

187. *O Loma! Constituting a Self (1977-1984)*, mit einer Einleitung von Alan Mandell und einem Vorwort von Hans Mohr, Northampton, Mass. 1989, 201 S. [mit 10 Zeichnungen und einem Gemälde von Kurt H. Wolff].
(a) Zugleich publiziert als: Kairos 2 (1989), Heft 3 (Special Edition), 201 S.

G. Aufsätze und Interviews

188. *Interview* [über die Wissenssoziologie], in: The Dushkin Publishing Group (Hg.), The Study of Society, o. O. [Guilford, Connecticut] 1974, S. 42-44.
189. *Wie ich zur Soziologie kam und wo ich bin. Ein Gespräch mit Kurt H. Wolff, aufgezeichnet von Nico Stehr*, in: M. Rainer Lepsius (Hg.), Soziologie in Deutschland und Österreich 1918-1945. Materialien zur Entwicklung, Emigration und Wirkungsgeschichte (Sonderheft 23 der Kölner Zeitschrift für Soziologie und Sozialpsychologie), Opladen 1981, S. 324-346.
190. *Surrender-and-Catch. A Conversation with Kurt H. Wolff*, hg. von Alan Mandell, in: Kairos 1 (1985), Heft 4, S. 62-71.
191. *Darmstadt war für mich die Welt*, in: Eva Reinhold-Postina/Moritz Neumann (Hg.), Das Darmstädter Synagogenbuch. Eine Dokumentation zur Synagogen-Einweihung am 9. November 1988; im Auftrag des Magistrats der Stadt Darmstadt und der Jüdischen Gemeinde Darmstadt, Darmstadt 1988, S. 255-257.
192. *Die persönliche Geschichte eines Emigranten*, in: Ilja Srubar (Hg.), Exil, Wissenschaft, Identität. Die Emigration deutscher Sozialwissenschaftler 1933-1945, Frankfurt am Main 1988, S. 13-22.
193. *»Zurück nach Deutschland? Nicht einmal zu Besuch!«*, in: Hajo Funke: Die andere Erinnerung. Gespräche mit jüdischen Wissenschaftlern im Exil (unter Mitarbeit von Hans-Hinrich Harbort), Frankfurt am Main 1989, S. 210-223 [Die unsinnige Beitragsüberschrift stammt nicht von Kurt H. Wolff.].
194. *Kurt H. Wolff on the Origins and Significance of the Idea of Surrender-and-Catch* [Interviews], hg. von James M. Ostrow, in: International Journal of Qualitative Studies in Education 3 (1990), S. 365-374.

III. Belletristisches, Gemälde und Zeichnungen

H. Bücher

195. *Von Einhorn zu Einhorn. Eine phänotypische Darstellung unikorner Verwandlungen in Bild und Wort*, Darmstadt 1972, ohne Paginierung [36 S.; mit 15 Zeichnungen von Kurt H. Wolff].
196. *Kurt H. Wolff: Im Haiwasser. Gedichte – Zeichnungen*, hg. von Michael Haussmann und Peter Heiligenthal, Wiesbaden 1978, 19 S.
197. *Vorgang und immerwährende Revolution. Prosa und Szenen*, Wiesbaden 1978, 147 S. [Darin sind auch – teils in überarbeiteter Fassung – folgende Titel abgedruckt: Nr. 209 (Text), 210, 204 und 208].
198. *Das Unumgängliche. Gedichte, Prosa, Theater, Essays*, mit einem Nachwort von Peter Heiligenthal, Darmstadt 1988, 152 S. [mit vier Gemälden von Kurt H. Wolff].

I. Beiträge in Zeitungen, Zeitschriften und Sammelbänden (in Auswahl)

199. *Gregory's Dream*, in: Partisan Review 11 (1944) Heft 3, S. 294-301.
200. *Try at Salvador Dali's Yet More Secret Life*, in: Experiment 2 (1945), Heft 1, S. 12-14.
201. *The Foreigner. A Story*, in: Commentary 1 (1946), S. 39-42.
202. *The Viaduct. A Story*, in: Cronos 1 (1947), Heft 2, S. 45-49.
203. *An Initiation*, in: Interim 3 (1947) Heft 1, S. 37-40.
204. *Die immerwährende Revolution*, in: Das Silberboot 5 (1951), Heft 2, S. 112-119.
205. *Fragment. Whole in a Process*, in: Argo [Department of English, The Ohio State University], Spring 1951, S. 18-20.
206. *The Drawer*, in: Dimensions [Department of English, The Ohio State University] Spring 1952, S. 33-36.
207. *The Street*, in: Southwest Review 40 (1955), S. 347-352.
208. *Zwei Bauchredner-Arien*, in: Lob der Provinz. Ein Darmstädter Lesebuch, hg. von Heinz-Winfried Sabais unter Mitwirkung von Renate Eitel-Axt (im Auftrag der Stadt Darmstadt), Darmstadt 1967, S. 291-295.
209. *Vorgang* [und acht Zeichnungen], in: Peter Ludes (Hg.), Sozialwissenschaften als Kunst, Konstanz 1997, S. 139-188.
210. *Brief an Hermann Broch*, in: Peter Ludes (Hg.), Sozialwissenschaften als Kunst, Konstanz 1997, S. 193-197.